図解 プレミアム

眠れなくなるほど面白い 経済の話

経済評論家
神樹兵輔

日本文芸社

まえがき……経済のカラクリを知れば人生はもっと豊かで面白くなる！

経済社会とは、「価値の尺度」を表わす「お金」との絡み合いの世界です。

あなたにとって価値のないモノが、ある人々にとっては非常に価値のあるモノとして高値で取引されることがあります。また、その逆もあることでしょう。

経済学では、こうした現象を「市場の歪《ゆが》み」と表現します。

同じモノであっても、地域によって人によって価格差が生じることを言います。経済社会では、つねにこうした「市場の歪み」や「人々の思惑による価値の増減」が生じているのです。

江戸時代に紀州出身の紀伊国屋《きのくにや》文左衛門《ぶんざえもん》が、紀州のミカンが大豊作で暴落し、一方の江戸では海が荒れてミカンが入らず高値を付けていたことを知り、船を調達し、ミカンを積んで嵐の中を江戸に向かわせ、大儲けした逸話があります。

三菱財閥の創始者・岩崎弥太郎は、明治政府が紙幣統一のために各藩の藩札を買い取るという内部情報をもとに暴落していた藩札を買い占め、明治政府の新紙幣と交換して財を成し、政府に食い込むことで財閥を形成していきました。

1992年ハンガリー出身の米国人ジョージ・ソロスは、英国ポンドの欧州域内固定相場が高すぎるとポンド空売りを仕掛けてポンドを暴落させ、莫大な

富を得て英国のユーロ導入を阻みました。これらは、いずれも「市場の歪み」に目を付けた「鞘《さや》取《と》り」で、大儲けした事例として歴史的にも有名です。

近年では、「合理的に行動する人間」を前提とした従来の経済学に、「人間は非合理的に行動する」という心理的な概念を融合させた「行動経済学」によって、「市場の歪み」ならぬ、「認知の歪み」によって新しいビジネスを構築する動きも顕著です。実際、多くの消費者は不合理な行動をとっているからです。

たとえば合理的な思考では選択されないはずの、市場価格よりもはるかに高額の商品が売れる分野があります。皮革製品や、時計、クルマなどの高級ブランドと呼ばれる一群の商品や宝飾品、美容関連の市場なのです。

実用としての本来価値ではなく、「見せびらかしたい（ウェブレン効果）」と言った欲求に支配された高価格帯市場を見事に形成することに成功しています。

このように経済社会には不思議なカラクリ、面白い現象が溢れ返っているのです。そんなカラクリの一端に通じることでモノの見方、お金の効用について考察を深めると、人生は限りなく豊かで面白いモノに変わっていくはずです。

どうぞ、お好きなところから、本書にお目通しいただければ幸いです。

著者

眠れなくなるほど面白い

図解プレミアム 経済の話

目次

第3章 〈用語〉キーワードから探る世の中のカラクリ

第4章 〈政策〉経済のしくみと政策のカラクリ

第6章 ＜課題＞日本が直面している問題のカラクリ

カバーデザイン&イラスト／ＢＯＯＬＡＢ.
本文ＤＴＰ／松下隆治
編集協力／オフィス・スリー・ハーツ

序章

お金の役割と
経済のしくみの基本

1 物々交換の時代からお金誕生のルーツ

大昔、狩りで得た動物の肉と漁で得た魚を、それぞれの持ち主が交換する「物々交換」の時代があったとされます。しかし、こうした「物々交換」は非常に不便です。**自分が欲しいモノを相手が持っていても、相手が自分の持つモノを欲しいと思わないと交換取引は成立しないからです。**欲しいモノが合致する相手を見つけるだけでも大変です。

そこで生まれたのが、「物品貨幣」という交換方法でした。石や貝殻、金属の他、素材としての商品価値が認められる「穀物」「家畜」「布」などを物品交換の対価として扱う方法です。別名「実物貨幣」や「商品貨幣」とも呼ばれます。世界最古の「物品貨幣」は、紀元前1世紀以上前の中国・殷《いん》王朝時代の貝殻だったとされます。

その後、金属加工による硬貨らしきものが、紀元前7世紀頃のギリシャで、次いで紀元前4世紀頃の中国の春秋時代に登場します。中国の硬貨は中心部に穴が開けられ、紐《ひも》を通して持ち運べる利便性も図られていました。

日本で最初の鋳造貨幣は、６８３年の「富《ふ》本《もん》銭《せん》」や７０８年の「和同開珎《わどうかいちん》」です。

しかし、日本では銅不足もあり、９５８年の銅銭を最後に硬貨は造られず、コメや塩、布などと交換する「物品貨幣」時代に逆戻りしています。

その後の日本では中国から輸入した硬貨を使うなど不便でしたが、豊臣秀吉が天下統一した後に大判・小判の金貨や銀貨を造り始めます。

そして、三大将軍・徳川家光が初めて「寛永通宝」という硬貨（銅や鉄）を造り、中国の硬貨の流通を禁じます。この「寛永通宝」は広く流布し明治初期まで使われました。やがて各藩の藩札も廃止され、明治政府の統一紙幣が発行されます。

物々交換の時代

私は動物の肉が欲しい

私は漁で得た魚が欲しい

魚 ⟷ 肉

現物を交換する

↓

自分が所持しているモノを欲しい人を探すのが大変

↓

価値が認められているモノを物々交換の対価として支払う

世界最古の貨幣

（紀元前 1600 〜 1000 年頃）

巻貝の一種・子安貝

日本最古の貨幣

（683年・富本銭
708年・和同開珎）

物々交換 ➡ 物品貨幣 ➡ お金の誕生

経済とお金の豆知識

寛永通宝は1636年以降、非常に広く流通したため、現在の古銭としての価値も数十円ほどで（貴重なものは数百〜数十万円）、アンティークコレクターたちの間では数をまとめて取引されています。

2 お金は多くの人からの信用によって成立している

お金が、「お金（通貨）」として、人々の間で流通し、その価値が保たれるのは、人々が「お金」はその額面と同じ価値のモノと交換できると信じ、政府がその価値を保証しているからです。

お金に信用がないと、誰もお金を持ちたがらないでしょう。そうなると、大昔のように、「物品貨幣」のコメや塩、布などと交換するよりなくなります。これでは保管や持ち運びにも不便です。つまり「お金」と「信用度」は直結しています。

一国に限らず、世界中で信用度が高い通貨は米国ドル、ユーロ（EU加盟27カ国中20カ国採用の共通通貨）、円、英ポンド、スイスフランなどです。そして、国際為替《かわせ》取引で最も多く使われ中心的存在の米ドルが基軸通貨とされます（ドル44％、ユーロ15％、円8％、ポンド6％、フラン3％）。

また、国力の弱い国は自国通貨を廃止して米国ドルを公式通貨としたり（エクアドルやエルサルバドル、複数通貨制のジンバブエなど）、非公式通貨として自国通貨と併存させる国もあります（ソマリアなど）。国力の弱い国は、自国通貨の為替レートが下落しがちで安定しないため、米ドルやユーロ（EU外で6カ国）、豪州ドル（南太平洋の島しょ国）などを公式通貨としているのです。

かつては、お金（通貨）に信用度を持たせるために、金本位制が採られていました。これは兌換《だかん》紙幣と呼ばれ、いつでも金や銀と交換できるという建前でしたが、これでは金銀の保有量しか紙幣を発行できないため、現在の管理通貨制度の下、不換紙幣が流通するようになっています。まさしく「国家の信用度」だけがバックボーンなのです。

ちなみに、日本では紙幣は中央銀行である日本銀行が発券し、貨幣の発行は政府が担っています。

お金（貨幣） ⇔ **人々から信用される**

欲しいモノと交換できる

価値を認めている

政府が1万円分の価値を保証している

世界で信用度の高い通貨

アメリカ・ドル

欧州・ユーロ

日本・円

イギリス・ポンド

スイス・フラン

日本のお金

紙幣＝（日本銀行が発券）　貨幣＝（日本政府が発行）

経済とお金の豆知識

ジンバブエでは、1999年以降、物価急騰でハイパーインフレとなり、2009年には「1米ドル＝250億ジンバブエ・ドル」を記録。その後、米ドルを中心に複数通貨制となり、現在は9通貨が公式通貨です。

３ デジタル通貨の時代に新札発行の謎

近年、「お金（通貨）」の概念が大きく変容しています。キャッシュレス時代が到来したからです。

従来のクレジットカード（後払い型）に加え、ＥＴＣカード（無線でノータッチ型）、電子マネー（チャージ型や銀行即時引落し型やチャージによる前払いプリペイド型）が頻繁に使われています。

現金チャージ型のSuicaなどの交通系ＩＣカード、スーパーやコンビニなどで使うとポイントもたまるnanacoなどの流通系ＩＣカード、クレジットカード連動型カード、PayPayなどのスマホアプリやクレジットカード連携も可能なＱＲコード決済系など種類も非常に豊富になっています。

これらは、基本的に民間による決済サービスで、買い物時、財布からのお金の出し入れが不要です。

そのうえ世界では、政府の中央銀行が電子通貨を導入する動きまであり、お金そのものを扱う機会が少なくなっており、やがてお金は、すべてがデジタル流通する近未来が予測されるのです。

たとえば、中国では偽札の横行に閉口していたため、こうした電子マネーが街の屋台の代金決済にまで一気に普及しました。

また、犯罪収益のマネーロンダリング（洗浄）に悪用されるとして、世界中の国々で高額紙幣も消える運命にあるようです（ユーロ圏では５００ユーロ廃止）。そのうち、米国の１００ドル紙幣や日本の１万円札も消える運命にあるかもしれません。

しかし、そんな時代なのに、日本では２０２４年７月に新紙幣が発行されます。千円、五千円、一万円の３種類です。**偽札防止のためと言いますが、旧札と新札の交換時に、旧札のレートの価値を下げ、政府は莫大な債務を減らすべく、金融資産課税を実施するのでは？ という懸念もあります。**

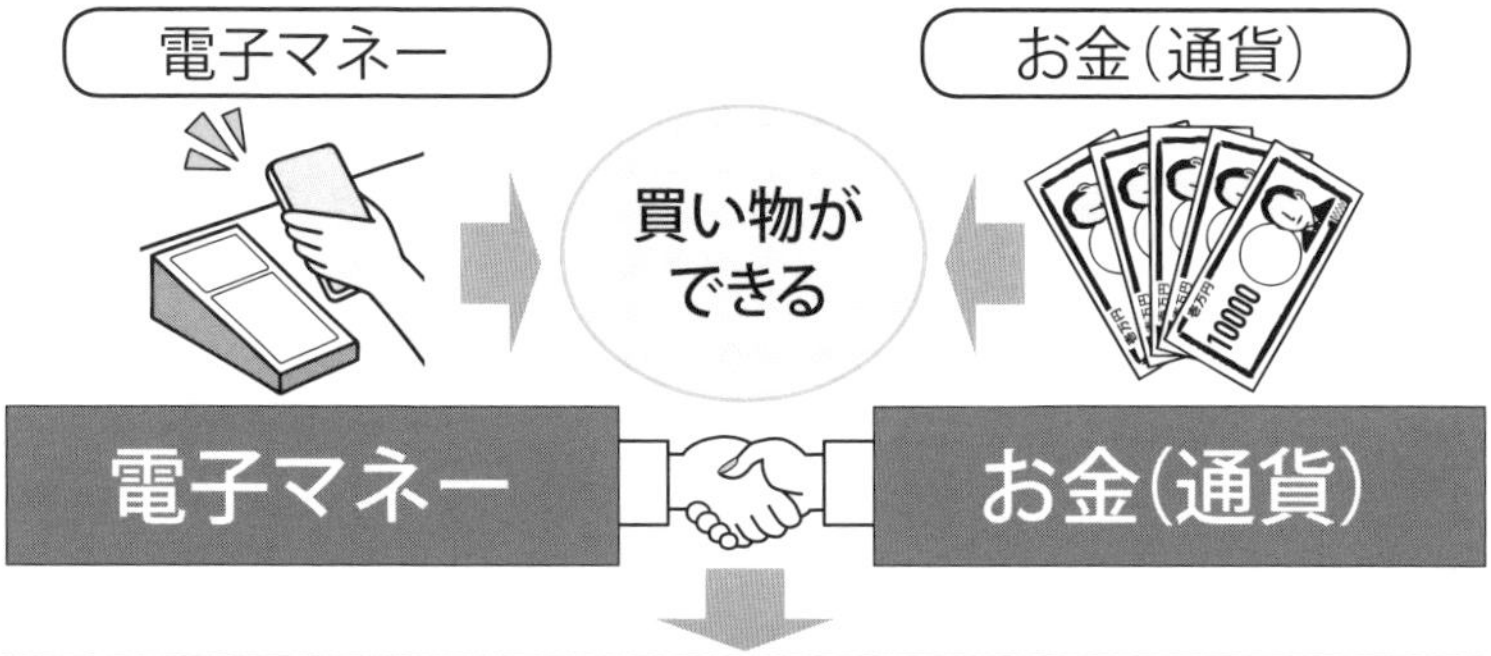

電子マネーがお金に代わって使われるようになる

《キャッシュレス時代》

電子マネーの登場で、現金を使わずに買い物ができるだけでなく、送金も手数料なしでやりとりできるようになりました！

2024年に発行される新紙幣の顔

1万円札　渋沢栄一

5000円札　津田梅子

1000円札　北里柴三郎

経済とお金の豆知識

敗戦直後の1946年2月、占領下の日本は物価抑制の新円切替名目で「預金封鎖」を実施。財産調査も併行し所有財産10万円以上の国民に25～90％の苛烈な財産税を課し富裕層を没落させました。

4 経済という語の語源は中国の古典「経世済民」

「経済」という言葉は、中国の古典にある「経世済民」からの用語です。本来は「世《よ》を経《おさ》め、民《たみ》を済《すく》う」という意味でした。政治や行政などの公的統治によって民を幸せにすることが重視される趣旨だったのです。

しかし、現実の「経済」は、民を幸せにするどころか、資本主義の暴走という悪循環で民の格差を広げるばかりです。政治家も資本家も常に労働者を低賃金で働かせることに腐心するからです。

「神の見えざる手」が公益をもたらすとしたアダム・スミス、「社会主義」で平等社会を目指したカール・マルクス、「一般理論」で完全雇用政策を説いたジョン・メイナード・ケインズなどの経済学の泰斗《たいと》たちは、いずれも「民の幸せ」を導くべき考察で、「経世済民」の理想を追っていました。

しかし、日本経済の現状はそうした理論とはかけ離れ、資本家と結託した政策がてんこ盛りです。

１９８６年の「労働者派遣法」で、一つの会社の中に「正規」と「非正規」の労働者を混在させます。戦後禁止されてきた「中間搾取」を合法化し、「間接雇用」「有期雇用」を常態化、低賃金でいつ首切りされるか心配な不安定雇用を広げます。

89年には消費税を導入し、消費に罰金を課すようなしくみを広げ、可処分所得を減らします。

そして93年には「外国人技能実習制度」の導入で、転職を禁じた憲法違反の奴隷労働を普及させました。日本が97年以降デフレに陥ったのも、こうした低賃金・貧困化政策が影響しているはずです。低賃金では将来の年金が乏しく、生活保護に頼る人を激増させます。**現在の生活保護の総支給額は約4兆円ですが、２０５０年には3倍の12兆円になる予想まであり、危機的状況なのです。**

経済の語源　経世済民

世《よ》を経《おさ》め、民《たみ》を済《すく》う

経	世	済	民
治める	世の中	救う	民衆

現実の「経済」は民を幸せにするどころか、民の格差が広がってしまっていることが問題となっています！

民の幸せから遠のく日本経済

- 労働者派遣法の導入
- 消費税の導入
- 外国人技能実習制度の導入
- 生活保護に頼る人の増加

「経済」の本来の意味とかけ離れた世の中になっている、日本経済の問題点を解消するのは急務です

経済とお金の豆知識

2023年の日本の就業者数6780万人のうち、役員を除く雇用者数は5750万人。うち正規雇用は3617万人、非正規雇用は2133万人（37%）。非正規雇用のうち派遣社員は149万人（約7%）です。

5 お金の流れは人間の血液と同じように重要

「お金」は経済の「血液」によくたとえられます。人の体内では血液が循環し、酸素や栄養を細胞の隅々に供給します。同様に社会の中では「お金」が回ることで人々の暮らしも成り立たせています。

日本はバブル崩壊（１９９０年）以降の不良債権処理の過程で、次第に「お金」の目詰まりを起こします。バブルの後遺症は具体的には「金融の目詰まり」です。**企業が借金を早く返そうとして、お金を使わなくなると、需要は萎《しぼ》んでいきます。**

そうなると、１９９７年以降は「お金」の価値が高まり、モノの価値が下がっていくデフレに陥り、その後は「失われた30年」と言われるまでに「お金」が社会に回らなくなったのです。

日銀はそのため、「大規模異次元緩和」という政策で、民間金融機関の国債を買い取り、お金を世の中にジャブジャブ流しまくりました。しかし、日銀の当座預金にお金がたまるばかりで、銀行が貸し出し時の金利を下げても、資金需要は弱く、世の中のお金の総量は増えませんでした。

しかし、コロナ禍後の世界では、需要の高まりで景気がよくなり始めます。**景気が過熱しないよう米国やＥＵは金利を上げました。金利を上げると国債の価格は下落し、銀行の保有国債の含み損は膨張します。**しかし日本では金融緩和を続けざるをえず、金利差で日本円が下がり、昨今の円安・物価高に見舞われます。「過ぎたるは及ばざるが如し」で、10年も続けた異次元緩和の後遺症でした。

血液は骨髄《こつずい》という臓器で作られますが、お金はどう循環していくのでしょうか。日銀が発行した紙幣が民間金融機関に回り、貸出しを繰り返すことで口座預金残高が増えていきます。これが「信用創造」と呼ばれる機能で、お金が増えます。

人の体内

血液が循環している

×循環しないと…

病気になってしまう

世の中

お金が循環している

×循環しないと…

不景気になってしまう

人々がお金を使い、お金が世の中を循環すると景気がよくなり、さらにお金が循環することにつながります!

血液

骨髄で作られる

お金

日銀がお金を発行

民間金融機関が人々(企業)へのお金の貸出しを繰り返すことで、世の中に流れるお金の量が増えていきます

経済とお金の豆知識

日銀の 2023 年 11 月発表の 9 月中間決算では、金利上昇で保有の日本国債が下落し、すでに 10・5 兆円の「含み損」を抱えています。簿価会計ゆえに「含み損」ですが、さらに膨らめば債務超過です。

もっと知りたい 経済とお金の話①

「モノの価格（物価）」が上昇していくカラクリ

モノとお金の関係は、「需要と供給」が決定づけます。

モノが少なくお金が多いと、インフレになりモノの価格は上がります。

モノが多くお金が少ないと、デフレになりモノの価格は下がります。

ところで、日本も敗戦直後は深刻なモノ不足で、急激なインフレーションに見舞われます。その結果、お金の価値も一気に下落しました。

敗戦直後からの4年間で、お金の価値は70分の1程度となり、戦前と比べても200分の1程度まで下落したという記録があるのです。

つまりモノの価格が70倍、200倍になったという〝ハイパーインフレーション〟だったわけです。

戦時中に戦争遂行のために発行した国債を買わされた国民はこの時、国債の価値が二束三文の紙切れになる経験をしたのでした。

このハイパーインフレは、1949年にGHQ（連合国軍総司令部）の超緊縮財政金融政策（ドッジライン）によって落ち着きますが、やりすぎで不況に陥り深刻なデフレに悩まされる——というオチまでつけました。

お金の流れを急激に止めるような政策を行うと、モノとお金の関係は「需要

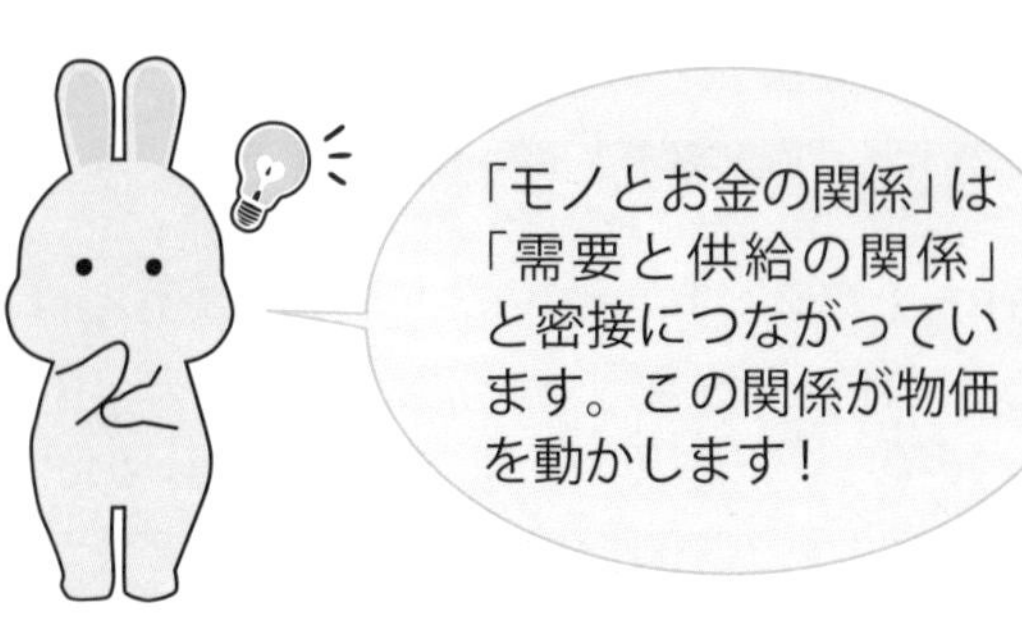
「モノとお金の関係」は
「需要と供給の関係」
と密接につながってい
ます。この関係が物価
を動かします！

と供給」のバランスを失い、大変な事態に追い込まれるわけです。

ところで、大昔と比べてみても、今はお金の価値が相当下がっています。

すなわち物価が上がっているわけです。

日銀は国債を発行することでお金を作り、民間の金融機関が貸出しを繰り返すことで(信用創造)、世の中全体のお金の量を増やしていきます。

また、世界全体でも、貧しい途上国を中心に人口増加は続いています。

人口が増えるとモノの需要が高まり物価は上がり、お金の価値は下がります。世の中に出回るお金の量も需要に合わせて増やされていくからです。

こうしたメカニズムで、モノの価格が上がっていくのは必然なわけです。

2050年には世界人口が97億人になり、食糧危機の懸念もあるわけです。

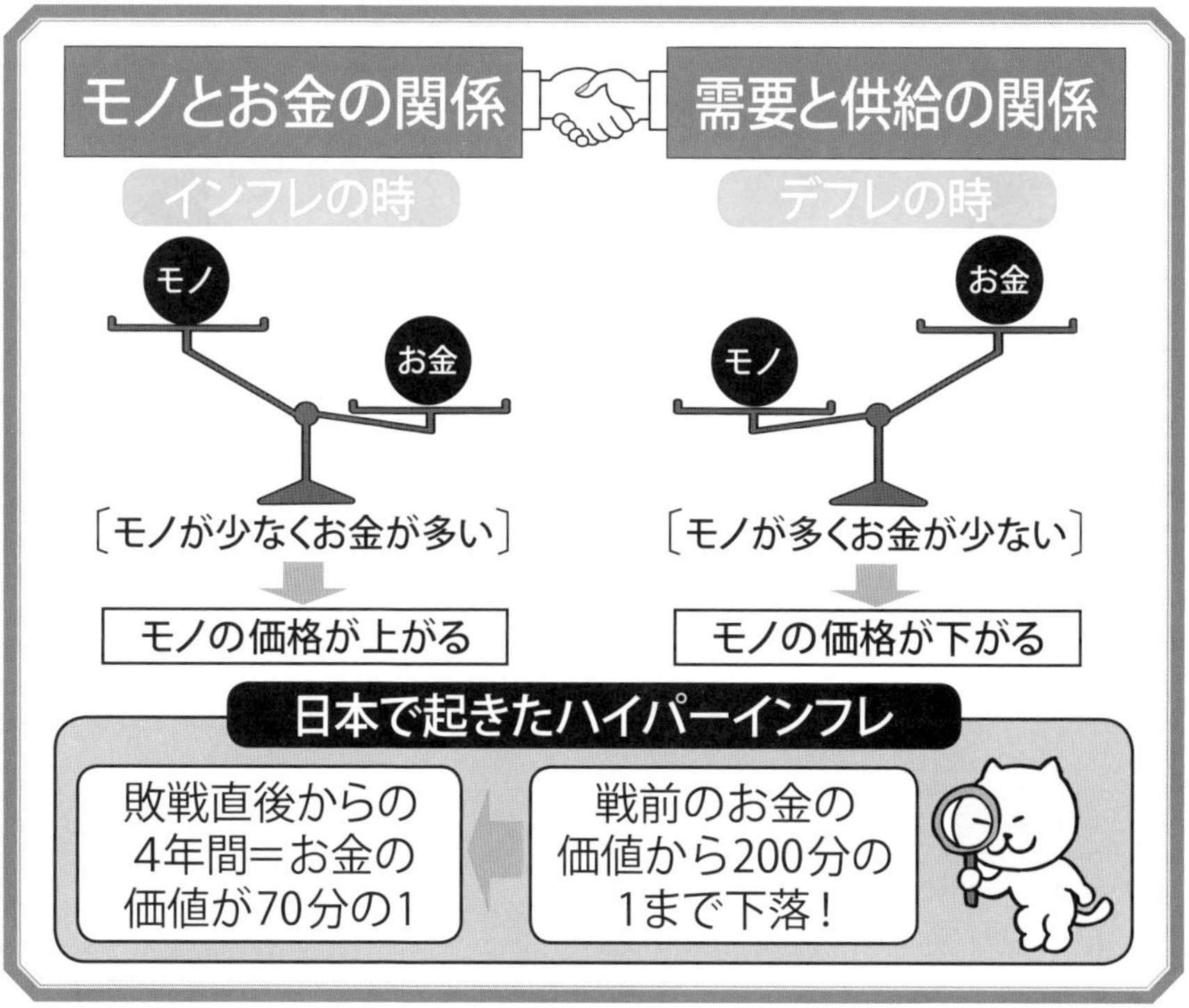

モノとお金の関係 ⟷ 需要と供給の関係

インフレの時

モノ　お金

〔モノが少なくお金が多い〕

⬇

モノの価格が上がる

デフレの時

お金　モノ

〔モノが多くお金が少ない〕

⬇

モノの価格が下がる

日本で起きたハイパーインフレ

| 敗戦直後からの4年間＝お金の価値が70分の1 | ⬅ | 戦前のお金の価値から200分の1まで下落！ |

人々に影響を与えた経済学者①

アダム・スミス

(1723 年～90年)

「経済学の父」とも呼ばれ、古典派経済学者の源流を創りあげた人物

〝神の見えざる手〟によって市場メカニズムは機能する！

アダム・スミスは、イギリスの経済学者であり、哲学者です。

イギリスでは18世紀後半に産業革命が起こり、手工業から機械工業への急速な移行が起こります。木炭や水力に代わって石炭が動力源となり、木製から鉄製の紡績機や工作機械、蒸気機関が生み出されます。またこうした工場を保有する資本家と、工場で働き生計を立てる賃金労働者（プロレタリアート）の分化も起こります。イギリスはそれまで重商主義で商工業重視の立場でした。競争力のある商品は積極的に輸出して稼ぎ、弱い国内産業は、高い輸入関税を課して保護します。国を富ますのは貨幣や金銀など貴金属の価値ゆえに、富の蓄積を図り、国外では植民地での権益を巡り他国と覇を競い、国内では貴族などの特

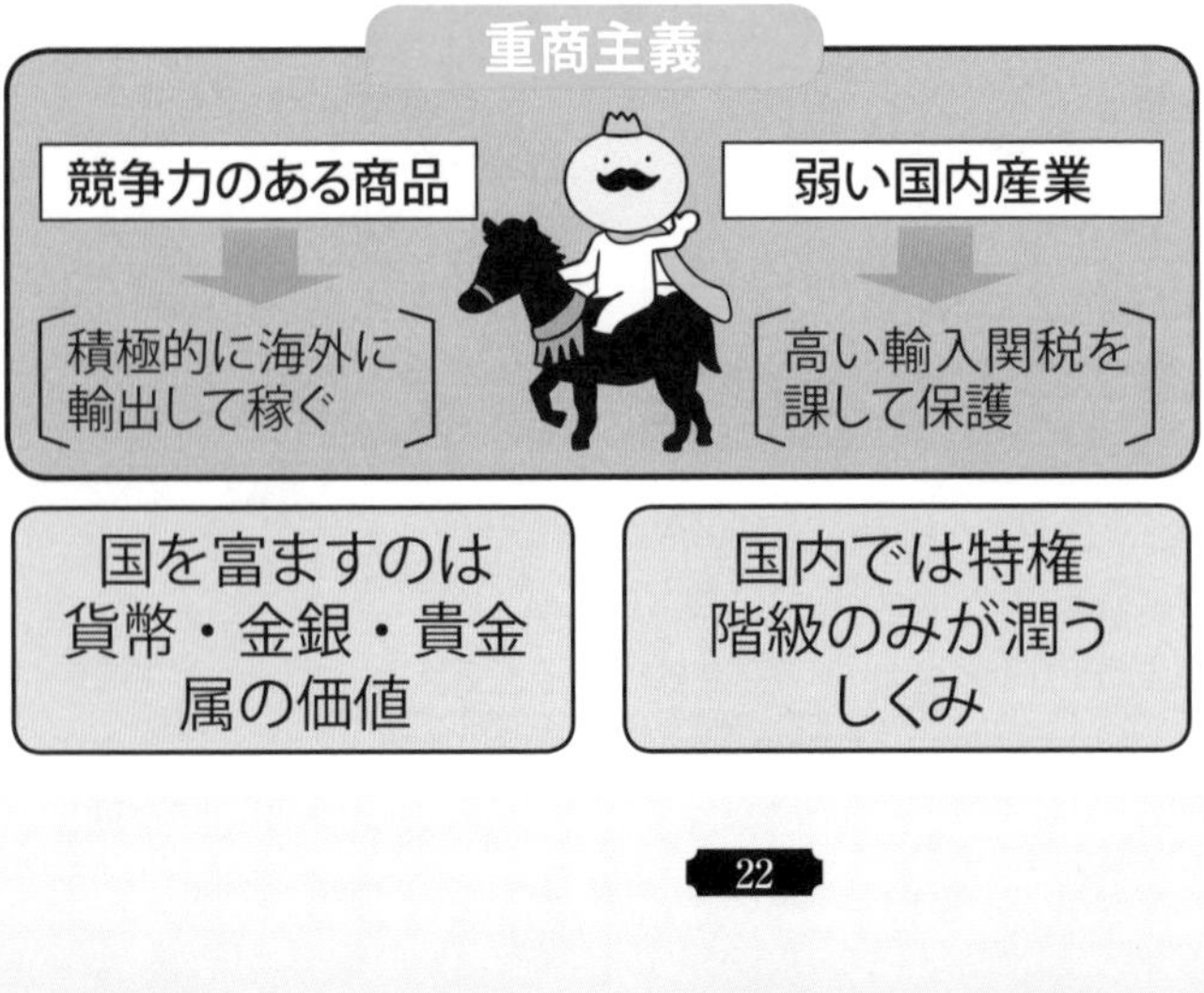

重商主義
競争力のある商品
積極的に海外に輸出して稼ぐ
弱い国内産業
高い輸入関税を課して保護
国を富ますのは貨幣・金銀・貴金属の価値
国内では特権階級のみが潤うしくみ

権階級のみが潤うしくみだったのです。

ところが、この産業革命の勃興《ぼっこう》で、特権階級が幅を利かせた封建社会から、工業生産の革命的発展により、資本家と労働者という近代資本主義社会への変革期を迎えました。

こうした社会の中でアダム・スミスは『国富論』を1776年に著します。この年は、米国では独立宣言が発せられた年です。

スミスは、国の統制を排除し、個人の自由な活動に任せることが、市場メカニズムを均衡させ、結果的に経済発展をもたらすことを説きました。つまりは、人々の利己心に基づく貪欲な行動こそが全体の利益に適うというわけで、市場均衡の価格メカニズムを「神の見えざる手が働く」と表現しました。

政府は市場に介入せず、自由に任せれば市場メカニズムが自律的に機能し、経済は発展するという「自由主義経済」の萌芽《ほうが》であり、古典派経済学の源流となるものだったのです。

アダム・スミスが提唱した〝神の見えざる手〟

モノの適正価格の決定

1000円で
買わない?
1000円なら
買わない
500円で
買わない?
500円なら
買う!

販売する側と購入者との間で納得した金額で適正価格は決まる

個人に自由な経済活動を任せることが市場メカニズムを均衡させることになり、結果的に経済は成長する

政府は特に市場に介入しなくても、自由な経済活動による経済バランス（適正価格）という〝神の見えざる手〟で「市場は均衡」し、安定と発展がもたらされます！

Column ①

「貨幣」と「紙幣」はどう違うのか？ という話

経済学や一般常識では「お金」は「通貨」と呼びます。他にも「貨幣」「紙幣」「硬貨」と呼ぶこともありますが、日本の法律では、これらは厳密に区別されています。「通貨の単位及び貨幣の発行等に関する法律」というものがあり、「貨幣」は金属製の「硬貨」のことだけを指し、「紙幣」は紙製の日本銀行券のことだけを言います。この法律で「貨幣」は、500円、100円、50円、10円、5円、1円の6種類だけと決められており、「貨幣」は20枚以上になると受け取り拒否ができます。しかし「紙幣」は日本銀行法46条で「法貨として無制限に通用する」とされ、受け取り拒否はできません。お金の起源としては、金属製の「貨幣」が先にあり、のちに紙製の「紙幣」が登場したので、お金のことを全般に「貨幣」とも呼ぶようになっています。お金には「価値の保存機能」「交換機能（決済機能）」「価値の尺度機能」という3つの役割があります。なお貨幣も紙幣も流通で摩耗します。貨幣は半永久的に流通しますが、損傷したものから随時交換され、紙幣は一万円札が4～5年、千円札は1～2年で新しいものと交換されています。

第1章

＜生活＞
日常生活に密着する経済のカラクリ

1 円安と円高のメリット・デメリット

「円の為替レート」の比較対象は米ドルかユーロです。これは米ドルやユーロが、各国の貿易取引では「中間の通貨」として各国間に介在するため、これら通貨との比較が非常に重要だからです。

たとえば、トヨタは2022年に国内で約265万台のクルマを生産し、うち167万台(約63%)を輸出し、アジア、北米、欧州、中南米、アフリカなど26の国や地域にも工場進出し、世界全体で903万台のクルマを生産しています。

23年3月期決算では売上が37兆円で過去最高でしたが、これは輸出が円安で競争力を増し、海外売上は円安での為替換算で大きく膨らんだからでした。グローバル企業のトヨタは、対ドルで、1円の円安で営業利益が450億円も膨らみます。輸出主力の製造大企業にとっては、円安が膨大なメリットをもたらすわけです。

しかし、私たちの日常生活ではどうでしょう。日本はカロリーベースでの食料自給率が38%しかありません(生産額ベースでは58%)。牛肉や豚肉、大豆、小麦、トウモロコシ、生鮮野菜など輸入品だらけです。さらにエネルギー自給率に至っては、たったの11・8%しかありません。当然ですが、**円安になるとこれらの輸入に頼る日本は、物価上昇で青息吐息にならざるをえないのです。**

長くデフレが続いた日本では、あらゆるモノの価格が抑えられてきました。それゆえ円安で国内物価が少々上昇しても、外国人から見ると、まだまだ格安に映ります。ゆえにインバウンド（訪日客）消費には期待できても、日本人が海外旅行する時のアウトバウンド消費は厳しくならざるをえません。**円安は輸出にはメリットがあるも、輸入にはデメリットです。円高はこの逆になります。**

円安・円高のメリットとデメリット
円安
う～ん
円高
輸入＝デメリットがある
輸出＝メリットがある
輸入＝メリットがある
輸出＝デメリットがある
グローバル企業のトヨタは為替レートがたった１円動いただけで営業利益が450億円も動いてしまうほどの影響力があります
物価が上がるカラクリ
海外
日本
1ドルで材料を購入
円高 1ドル＝100円で輸入
円安 1ドル＝150円で輸入
円安になると材料費が高騰して物価が上昇する

経済とお金の豆知識

日本の株式市場は輸出主導型の企業が多く、円安が歓迎され、円高を忌避する傾向です。しかし、円高で世界からモノを安く買えることを考えればおかしな風潮です。通貨高で滅んだ国はないからです。

２ 円高や円安をもたらす為替メカニズム

前項で円安や円高のもたらす影響にふれました。なぜ為替レートは変動していくのでしょうか。**かつて世界の為替レートは固定相場で、先進国の多くが70年代に変動相場制に移行しました。**

こうした「為替レート」が変動する要因の第一は各国の「金利水準」です。為替リスク以上に米国の金利が上昇すれば、米国でのドル運用が有利になるため、日本円が売られ、ドルが買われます。もう一つの要因が「貿易収支」になります。

日本の輸出が輸入よりも多ければ、米国で稼いだドルを日本円に換えるため、ドルを売って円を買うので、円の需要増で円高方向に向かいます。

かつての日本は、今の中国のように、米国への輸出が相当多かった時代があります。そのため、当時の日本はしばしば円高に悩まされていました。円高になると、米国では日本製品のドル建て価格が上がり、売上が鈍るからです。前項で見たトヨタは、そのため円高に泣かされてきたのでした。

２０１２年末から始まったアベノミクスは「３本の矢」を主軸と称しても、第一の矢の「大胆な金融緩和」だけが功を奏し、２００８年のリーマンショック以降１ドル百円を切るまでに進行した円高を（２０１１年10月末史上最高値の１ドル75円台を記録）、２０１２年末以降反転させ、１ドル１００～１１０円台のレンジへと戻しました。

しかし、米国のＦＲＢ（連邦準備制度理事会＝中央銀行）が、２０２２年３月にゼロ金利をやめ、利上げを始めると、４月に円は１３０円台になり（20年ぶり）、その後も日米の金利差が広がるたびに円安は続きました（10月には32年ぶりに一時１５０円台突破）。**円安で輸出企業はウハウハ喜び、輸入企業は輸入価格上昇に苦しみます。**

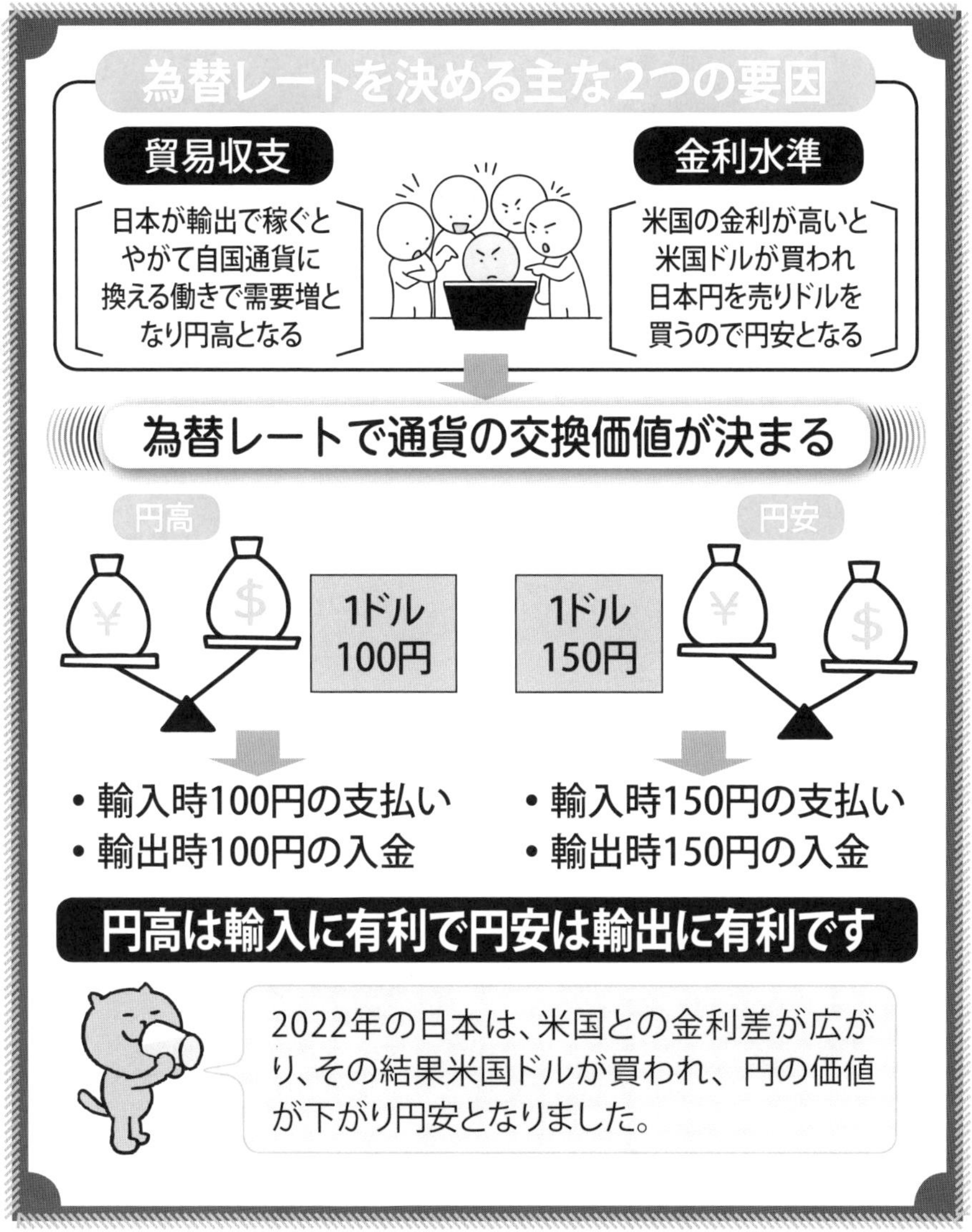
為替レートを決める主な2つの要因
貿易収支
日本が輸出で稼ぐとやがて自国通貨に換える働きで需要増となり円高となる
金利水準
米国の金利が高いと米国ドルが買われ日本円を売りドルを買うので円安となる
為替レートで通貨の交換価値が決まる
円高
1ドル 100円
・輸入時100円の支払い
・輸出時100円の入金
円安
1ドル 150円
・輸入時150円の支払い
・輸出時150円の入金
円高は輸入に有利で円安は輸出に有利です
2022年の日本は、米国との金利差が広がり、その結果米国ドルが買われ、円の価値が下がり円安となりました。

経済とお金の豆知識

かつて「1 ドル＝ 360 円」の固定レートの時代（1972年まで）は、「一生に一度海外旅行ができれば幸せ」という時代でした。アベノミクスの大失敗で、そんな時代に逆戻りすることも危惧されます。

3 インフレとデフレが起こるカラクリ

インフレとは、モノやサービスへの需要が高まり、モノやサービスの価格が上がる現象です。一方、不況でフトコロが苦しくなり、モノも売れない、モノの価格も下がり気味となるのはデフレ傾向です。つまり、インフレは物価上昇、デフレは物価下落を意味するのです。

経済発展には、一定の需要増による緩やかなインフレが望ましいとされているわけです。

日本は、戦後の高度成長期にはインフレ傾向が続きましたが、１９８０年代後半にバブルが弾けると、90年代はその後遺症に悩まされます。97年の金融危機（山一証券や拓銀が破綻）以降は、一転してデフレに苦しむようになるのです。

デフレは、モノやサービスが売れないため、企業はモノやサービスの価格を下げたり、コストカットを強いられます。従業員の賃金も下げたり、首切りをせざるをえない状況にも陥ります。

日銀は、デフレ脱却を図るべく、２０１３年からアベノミクスの「第一の矢」として大規模な金融緩和を実施します。しかし、10年かけても目標とした「安定的な2％の物価上昇」が果たせぬまま、２０２３年4月には日銀総裁も交代しました。

欧米ではインフレが昂進し、金利が引き上げられますが、日銀は緩和を続けるのみです。その結果、円安が進むも身動き取れず、出口を探り迷走しています。ウィズコロナでの世界的物価上昇は、**「悪いインフレ」**と呼ばれる原材料や資源価格の急激な上昇で起こる「コスト・プッシュ・インフレ」が起点です。**「良いインフレ」**は、コストの上昇も価格に転嫁できて、賃金アップも可能で世の中全体の好景気需要に支えられる「ディマンド・プル・インフレ」で、こちらが理想です。

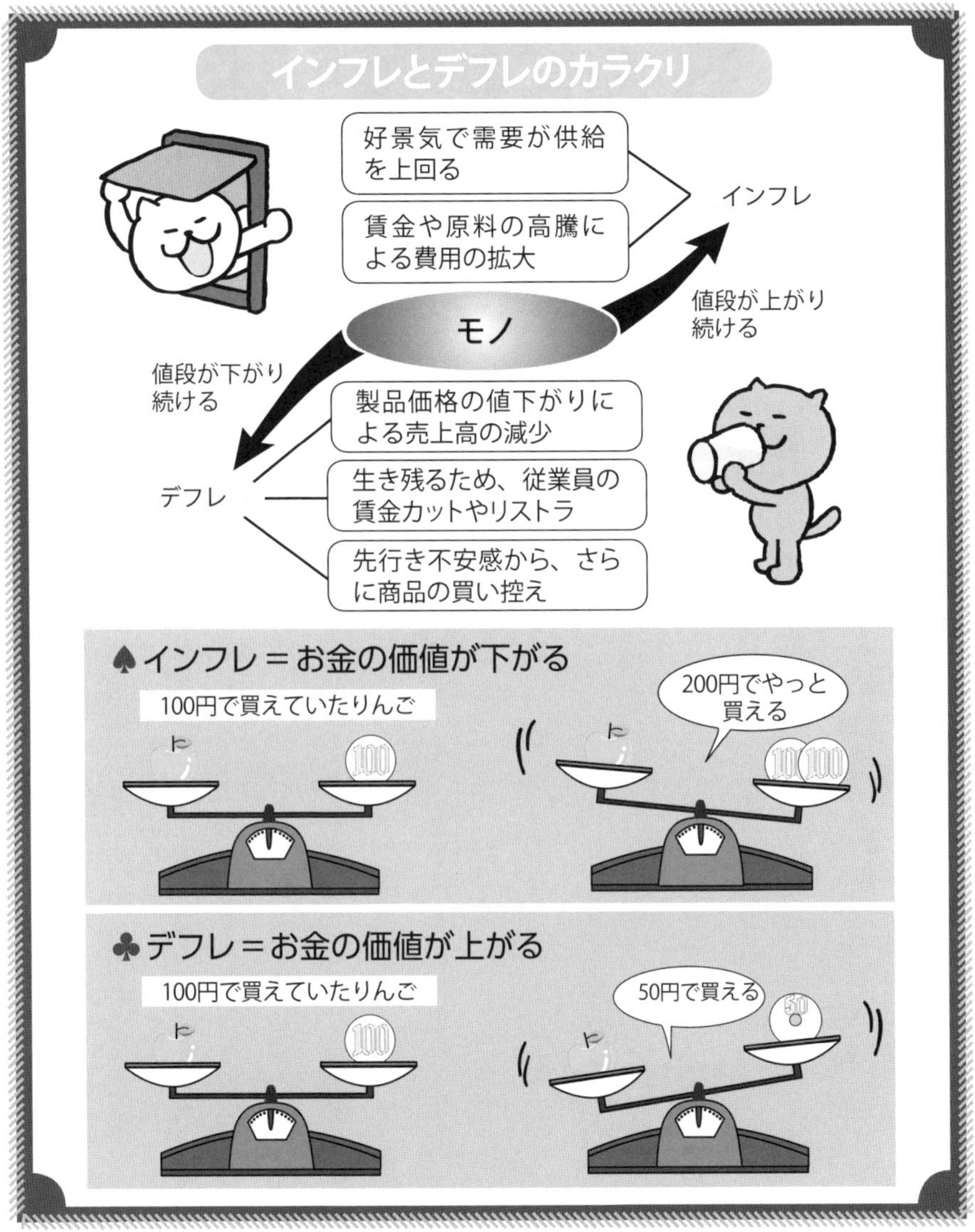
インフレとデフレのカラクリ
好景気で需要が供給を上回る
賃金や原料の高騰による費用の拡大
インフレ
値段が上がり続ける
モノ
値段が下がり続ける
デフレ
製品価格の値下がりによる売上高の減少
生き残るため、従業員の賃金カットやリストラ
先行き不安感から、さらに商品の買い控え
♠インフレ＝お金の価値が下がる
100円で買えていたりんご
200円でやっと買える
♣デフレ＝お金の価値が上がる
100円で買えていたりんご
50円で買える

経済とお金の豆知識

インフレは庶民の生活を直撃します。賃金がインフレに追いつけなければ購買力が衰えるからです。しかし、最も強烈なダメージは「年金生活者」や「生活保護世帯」です。収入が固定で他にないからです。

4 モノの価格はどのようにして決まるのか？

モノやサービスの価格は、「需要」と「供給」の関係で決まります。「需要側である家計」と「供給側の企業」で見ておきましょう。

家計はモノが安く買えるほうが望ましく、モノの価格が高くなると買い控えます。

一方、供給側である企業は、モノを値上げしても売れるなら、もっと儲けようと供給（生産）を増やします。

しかし、企業がモノの生産を増やすと、やがて市場にモノが溢れて売れなくなります。すると生産も減らし、モノの価格も下げて売ろうとします。

つまり、**家計と企業は市場において、モノやサービスを買いたい側と売りたい側とで、相反する欲求を互いに主張しているわけです。**

すると、市場においては、お互いが妥協できる価格の拮抗《きっこう》点が定まってくることになります。

これが、需要と供給の交わる均衡点をもたらし、適正なモノの市場価格を形成していくわけです。

左頁の需要曲線と供給曲線の交わる点をご覧ください。こうした需要と供給がバランスする構図は、モノやサービスの価格を決める時に限らず、あらゆる価格形成の場面で見られるものです。

たとえば、お金を借りたい人が多ければ、金利は上がります。需要のほうが大きいからです。

労働者の数が多ければ、賃金は下がります。供給のほうが大きいからです。

モノやサービスの需要が落ちるのは、世の中が不景気の時です。そうなると政府や日銀は、需要を喚起して景気をよくするために、「減税」や「財政出動」あるいは、銀行への貸出し金利にも連動する「政策金利」を下げていきます。日本では「消費税率アップ」など真逆の政策が目立ちます。

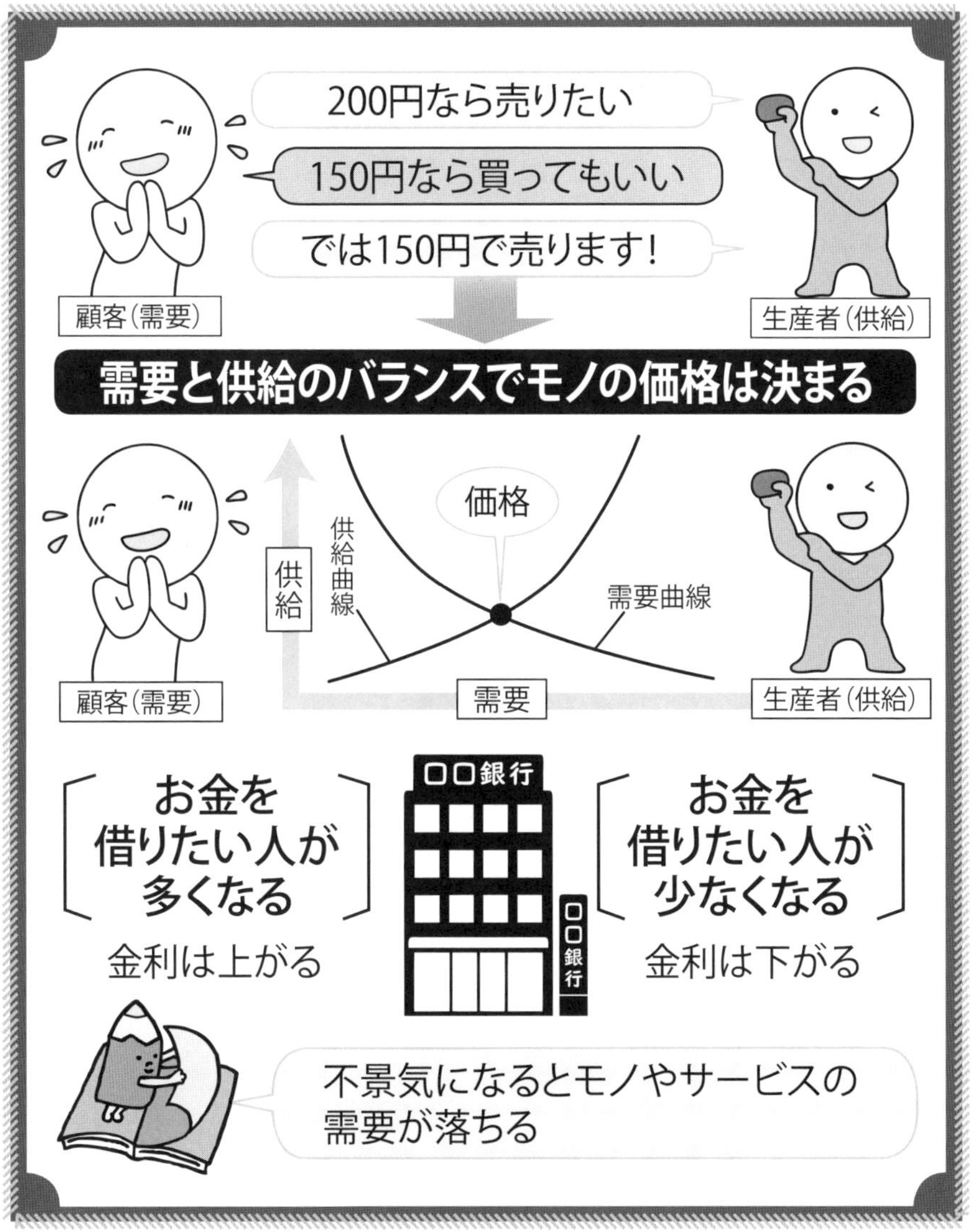
200円なら売りたい
150円なら買ってもいい
では150円で売ります！
顧客（需要）
生産者（供給）
需要と供給のバランスでモノの価格は決まる
価格
供給曲線
需要曲線
供給
需要
顧客（需要）
生産者（供給）
お金を借りたい人が多くなる
金利は上がる
□□銀行
□□銀行
お金を借りたい人が少なくなる
金利は下がる
不景気になるとモノやサービスの需要が落ちる

経済とお金の豆知識

所得増加で消費も増えるのが「所得効果」です。所得増加で需要増となるのが娯楽などの「上級財（正常財）」、変化なしが日用品などの「中立財」、逆に減るのがジャンクフードなどの「下級財（劣等財）」。

5 行動経済学における消費行動とは？①

経済学に認知科学を融合させた「行動経済学」の分野で、2002年にノーベル経済学賞を受賞したのがイスラエル出身の米国の心理学者ダニエル・カーネマン博士でした。カーネマン博士は、私たちの脳がどのような思考経過をたどって「判断ミス」や「過ち」に導かれるかを研究しました。それを、**「ヒューリスティック」や「認知バイアス」といった判断ミスにつながる数多くの概念にまとめ上げました。**人間の「思考の偏《かたよ》り」「歪んだ見方」「大いなる錯覚」などは、経済学で想定していた「合理的な行動をする人間」という前提を覆すとともに、人間理解を大いに深めたのです。

人は物事の多くを「直感」で判断しています。瞬間的、無意識に考える脳の「システム1」を機能させ、**「これは安いから買う」とか、「危険だから近づくのをやめよう」などと判断し、行動に移します。これは私たち人類の生存戦略に直結した極めて重要な脳の働きです。**しかし、「直感」で判断できず、「熟考」を要する事柄もあります。「この商品をどう売るか」とか、「この人物をどう説得するか」といった問題の時です。こうした場面で人は「システム1」の直感に導かれつつ、論理的かつ理性的思考を行う脳の「システム2」を起動させて考えます。こちらは脳に多大な負荷がかかり、「システム1」が「速い思考」、「システム2」が「遅い思考」と呼ばれるゆえんなのです。

しかし、こうした「システム1」にも、「システム2」にもバイアスがかかるという欠陥があります。それが左の「認知バイアス」の例なのです。「松竹梅効果」「限定効果」「ギャンブル熱（不定率）」「サンクコストの呪縛」「宝くじの購入」「バンドワゴン効果」…などなどです。

人は物事を直感で判断する

脳のシステム1

瞬間的
無意識に
物事を判断する

速い思考

脳のシステム2

論理的に
物事を
判断する

遅い思考

どちらもバイアス（先入観）が入りやすい

認知バイアスの例

松竹梅効果

松
竹
梅

まん中を選んでしまう

限定効果

今日限り!!

人々は限定という言葉にひかれる

ギャンブル熱

馬券

勝ったり負けたりすると欲望を刺激する

サンクコストの呪縛

今やめるともったいないという感覚になり、やめられない

宝くじの購入

宝くじ

毎回買い続けるのだから今度こそは当選するだろう

バンドワゴン効果

多くの人から同調されるとその支持はさらに大きくなる

経済とお金の豆知識

行動経済学と不可分の概念が「ナッジ理論」です。ナッジとは「軽くヒジをつつく」といった意味で、人の意思決定にやんわりと影響を及ぼす効果です。列に並ぶ位置を床に例示すれば整列を促せます。

6 行動経済学における消費行動とは？②

前項の通り、私たちの意思決定には、「脳のクセ」や「偏見」があり、それらを「認知バイアス」と一括《くく》りにしますが、実は百通り以上もあります。

こうした**行動経済学の概念中の柱ともなる学説が「プロスペクト理論」です。別名「損失回避の法則」とも呼ばれます。**これは「人は目先の利益を求め、損失は回避したい」という人の性向です。「プロスペクト理論」には、「価値関数」と「確率加重関数」が用いられ、この2つの関数が「認知に歪み」をもたらす要素としてグラフで示されます。たとえば、価値関数は「10万円もらった時の嬉しさよりも、10万円を落とした時のガッカリ感のほうが、喜びの2・25倍も感情に影響が及ぶ」とされます。また、確率加重関数は、人は「高い確率を低く、低い確率を高く見積る」という性向を示し、「志望校の合格確率35％」と宣告された受験生でも、「オレはイケルはず」と楽観視したり、「手術の成功率は99％！」と告げられたのに「ひょっとして失敗するかも」などと不安になります。これは確率40％を境に起こる現象です。

一般に、人は買った株が上がると、目先の利益を確定したくて早く売りたくなり、下がった場合は「また上がるはず」と損失を確定せず、売らずにいて、もっと下がり「塩漬け株」にしがちです。これもプロスペクト理論で説明できる性向です。また、毎月家賃を払うのがもったいないからと、思い切って35年ローンを組んで5千万円の新築住宅を買う人もいます。

35年という長い年月や、5千万円という大金のローンをうまく払い続けられるのかどうか、といった確率のほうは、かなり低く見積ってしまう残念な人が多いわけです。

プロスペクト理論　損失回避の法則

人は目先の利益を求め損失は回避したい

確率加重関数

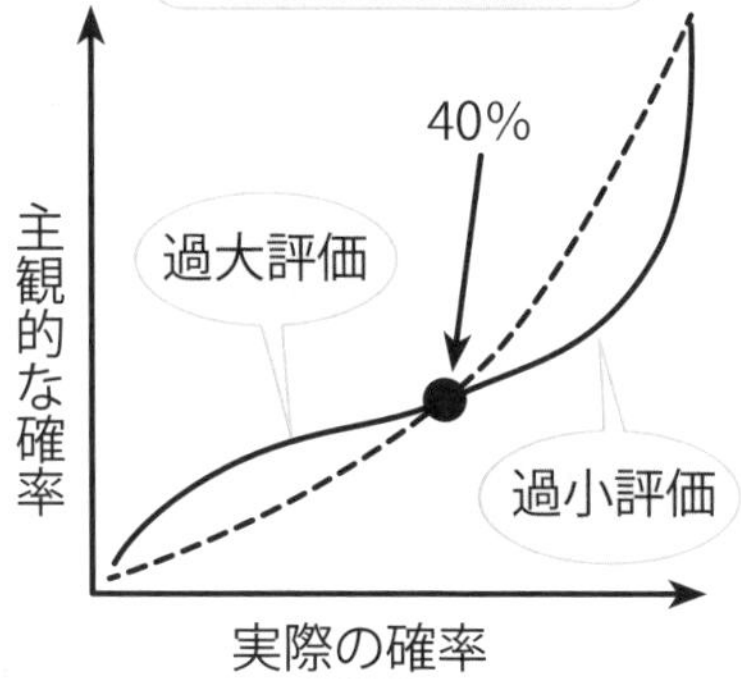

価値関数

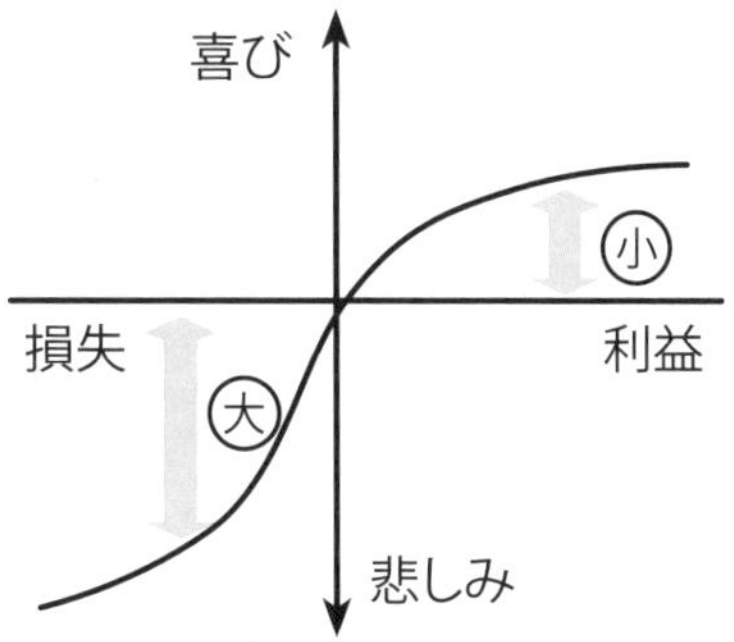

人は高い確率を低く、低い確率を高く見積ってしまう性向がある

10万円もらった時の喜びより10万円を失った時の悲しみのほうが大きい

株価が下がった時になかなか売れず、さらに損失が大きなものになってしまうのもプロスペクト理論で説明できます！

経済とお金の豆知識

利用時間限定の「食べ・飲み放題」のビュッフェ料理の店で「元を取らなきゃ」と思ってガツガツ食べるのも「行動経済学」が教える「サンクコスト効果」です。「もったいない精神」がベースなのです。

7 「利子」と「利回り」はどこが異なるのか？

「利回り」という言葉は、「利子」や「利息」、「利率」や「金利」と混同されやすいですが、明らかに違うものです。後者はいずれも、ほぼ同じ意味ですが、「利子」や「利息」が元本に対する金額で捉えられ、「利率」や「金利」は元本に対する割合（%）で示される場合が多いでしょう。

また、慣習的に銀行預金では「利息」、ゆうちょ銀行では「利子」と呼び、出資法や利息制限法などの法律では「利息」を用い、税法では「利子所得」と呼んでいます。「利回り」がこれらの性質と違うのは、「投資」の分野で使われることが多いからです。債券投資や投資信託、不動産投資で使われる尺度になります。ちなみに本来「利回り」は、最終的に元本を売却した時の損益も収益に含めるので、表面上の「想定利回り」が多くなります。

つまり、最終的に売却してはじめて、「確定（実質）利回り」が決まります。もちろん、満期まで保有する債券は、表面上の「利回り」がほぼ「確定利回り」と言えるものもありますが例外的です。

基準価格（時価）が99万円の「投資信託」を1年間保有して2万円の「分配金」を受け取り、101万円で売却した場合の利回りはどう計算されるでしょう。まずは、「表面利回り」ですが、（分配金2万円＋売却益2万円）÷投資額99万円×100という計算式になり、この年利回りは4・04%です。「確定利回り」のほうは、（分配金＋売買損益－販売手数料－信託報酬額－信託財産留保額－税金）÷投資元本÷運用年数×100という式で導かれます。**投資は購入時に「販売手数料」、保有時に「信託報酬」や売却時に信託財産留保額がかかったりします。ゆえに「確定利回り」は「表面利回り」よりも手数料分だけ小さくなるのです。**

「利回り」とは？

元本が変動することのある投資の場合に用います

「想定利回り」がよくても最終的な「確定利回り」が悪いこともあるよ！

《投資信託の場合の年利回り》

99万円で投信を購入 → 毎年２万円の分配金をゲット → 3年後に100万円で売却

（分配金6万円＋売却益1万円）÷投資額99万円÷3×100＝2.35%

（2万円×3年分）　（表面利回り）

《不動産投資の場合の年利回り》

5000万円でアパート購入 → 満室時年間家賃収入350万円 → 平均90%の入居稼働率 実質年間家賃315万円 → 6年後に4500万円で売却

（実質家賃1890万円－売却損500万円）÷投資額5000万円÷6×100＝4.63%

（315万円×6年分）　（表面利回り）

※ただし、いずれの場合もコストや税金を含まない計算例です

経済とお金の豆知識

「利回り」の高さをアピールし投資に勧誘するのが投資商法の常套手段。しかし「利回り」というのはほとんどが最終的に投資を手仕舞いしないと正確にわからず、時には元本を割り込む場合もあるのです。

8 増え続けるサブスクのしくみとカラクリ

サブスク（サブスクリプション）は「定額制」で月単位などで定まった料金を払い、一定サービスを継続して受けるものです。シェアリングエコノミーの一環としても注目されるサービスです。ただし、「月額払い」と言っても、新聞や雑誌の購読料とは異なります。これらは新聞や雑誌の対価にすぎないからです。

サブスクの代表的成功例は、ネットで動画配信するネットフリックスやアマゾンプライムビデオ、音楽配信のアップルミュージックなどでしょう。また昨今増えたのがモノや体験のサービスです。

買えば30万円以上の高級ブランドバッグが月額税込1万７８００円で使い放題の交換レンタル型サービスのラクサスや、コンビニ型スポーツジムのチョコザップ（月額税込３２７８円）もジム機能以外の付加価値サービスを充実させて人気です。

洋服のサブスクでは、月額税込６３８０円で自社製の新品の服など3点までを借り放題にしたメチャカリや（60日間借りれば取得可）、月額税込７８００円でプロのスタイリストが選んだ服など3点が届くエアークローゼットも女性に人気です。

ところで、こうしたコストのかかるモノや体験サービスは儲かるのでしょうか。サブスク展開での成功の鍵は「お客の囲い込み」です。固定客は競合店対策にも有効だからです。

サブスクの会員は、常連客ゆえに毎月定額を払ってくれ、月初に安定的売上の確保も見込めます。**ただし、サブスク客が一定数にまで達しないと高額な初期投資が回収できなくなります。飽きられたら終わりなのです。**

実際、会員数は伸び続けているのに、これら多くのサブスクがまだ赤字です。

サブスク  定額制

一定期間おトクなサービスが受けられる

サブスクのメリット＆デメリット

メリット

- 顧客におトク感をアピールできる
- 顧客の「囲い込み」ができる
- 行列ができると繁盛店アピールができる（PR効果）

デメリット

- 商品やサービスに魅力がないと飽きられる
- 一定の会員数の確保ができないと赤字が膨らむ
- 赤字が続き途中でやめるとイメージダウンが大きい

サブスクには一定数の会員を常に維持すると安定的収入を得られるというメリットがある一方、会員数が減ると赤字に転じてしまうデメリットがあります！

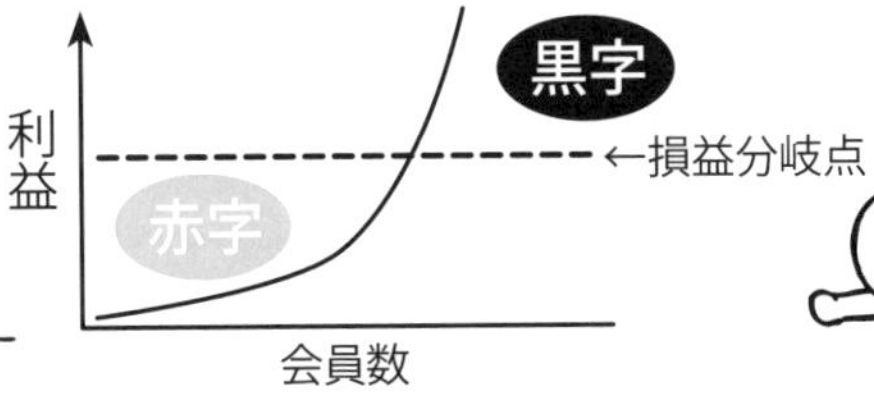

経済とお金の豆知識

ラーメン店のサブスクまで登場している昨今ですが、「しょうゆ」「味噌」「とんこつ」の3種類程度のラーメンメニューだと、お客に飽きられるのも早く、撤退する店も少なくありません。健康面も心配です。

もっと知りたい 経済とお金の話②

暮らしを支えてくれる「経済活動」

経済活動とは、わたしたちの日々の暮らしそのものです。

わたしたちの暮らしは、「政府・企業・家計（家庭経済）」といった3つの経済主体の関係における、さまざまな取引関係から成り立っています。

政府は公共事業などを通じて、民間企業が行えない公共財（道路や橋の建設など）にお金を支出します。

民間企業はさまざまな生産物を生み出し、政府や家計に提供します。

家計は収入を得るために勤労に従事します。

このように経済活動とは、「お金のやりとり」が行われることのすべてを言うのです。

公園でドッジボールをして遊んだり、鉄棒で逆上がりの練習をするのは、「お金」がかからないので、「経済活動」とは言えません。

ただし遊びであっても、ディズニーランドに入場したり、映画館に行くことなどは立派な「経済活動」です。タダではなくお金の取引があるからです。

このように社会生活を営む上で、財やサービスを生産したり、消費したりすることを「経済活動」と言います。

経済活動とは、政府・企業・家計の３つの取引関係の間で行われているお金のやりとりのすべてを指します！

経済とはすなわち、お金のやりとりに基づく取引ですから、この取引で決定される取引量（数量）と価格は、経済活動を測定する「尺度」になります。

そこで、「経済活動」の規模を表わすのに、GDP（国内総生産）という指標が登場するのです。

GDPは、これらの「経済活動」で生み出された「付加価値の総和」です。

八百屋さんで、大根一本を120円で購入した場合、八百屋さんは卸し問屋から75円で仕入れたので、八百屋さんの生み出した付加価値は差額の45円になります。

農家の人は大根のタネを一粒当たり1・5円で仕入れ、60円で卸し問屋に売ると、この付加価値は差額の58・5円ということになります。

ただしリサイクルなどの中古販売は、新しい付加価値がないので除きます。

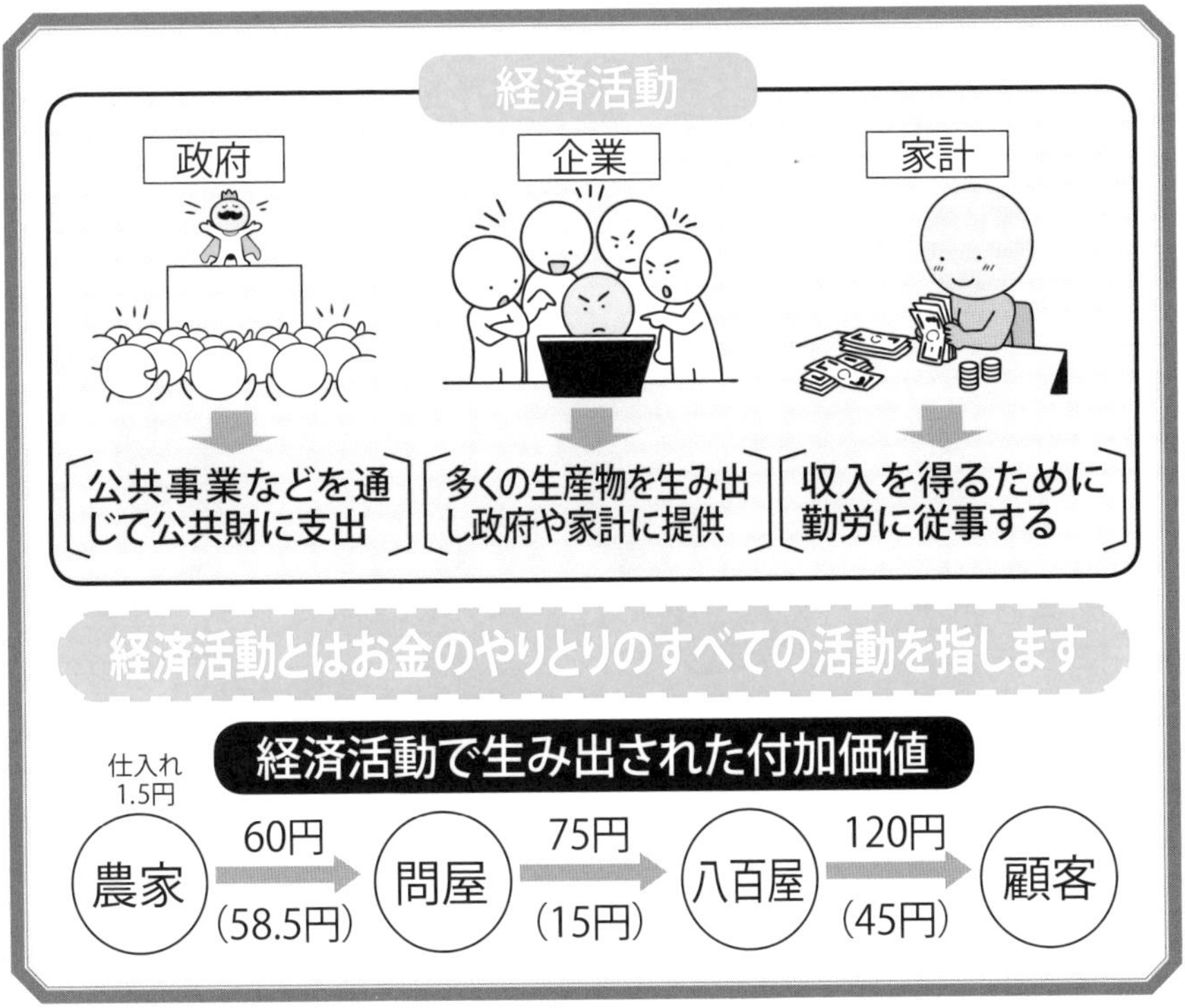
経済活動
政府
企業
家計
公共事業などを通じて公共財に支出
多くの生産物を生み出し政府や家計に提供
収入を得るために勤労に従事する
経済活動とはお金のやりとりのすべての活動を指します
経済活動で生み出された付加価値
仕入れ 1.5円
農家
60円
(58.5円)
問屋
75円
(15円)
八百屋
120円
(45円)
顧客

人々に影響を与えた経済学者②

カール・マルクス

(1818年〜83年)

富の公平＆平等な分配が行われる共産主義社会が理想国家であると提唱

資本家は労働者が生み出す剰余価値を搾取していると喝破《かっぱ》！

カール・マルクスはプロイセン王国（現在のドイツ）生まれの哲学者であり、経済学者です。マルクスは1848年に盟友のフリードリヒ・エンゲルスとの共著で有名な『共産党宣言』を発表し、ライフワークとして結実させた『資本論』の第1部を1867年に発表します（2部、3部はマルクスの死後にエンゲルスが刊行）。マルクスはこうした政治的出版物の影響で20代から各国の労働運動に関与し、無国籍となって欧州各国を亡命、ロンドンで没します。

『資本論』でマルクスが説いた資本主義の矛盾は、「労働者が自分の労働力（商品）しか売るモノがなく、いつまで経っても裕福になれないのは、賃金分以上に働かせられ、その分を資本家に搾取されているからだ」と喝破し

資本論

第1部　資本の生産過程

第2部　資本の流通過程

第3部　資本主義的生産の総過程

※第２部、第３部はマルクス死去後にエンゲルスが編纂

資本論は格差社会に注目し、その問題点を説いた経済書です。その中で資本家は搾取階級であると著しています

たことです。これを「剰余価値」と呼び、「剰余価値を生み出す特殊性が労働力にあることで資本主義が成り立っている」と本質的な資本主義の矛盾を糾弾したのです。また「剰余価値」には2種類あり、資本家は労働者を長く働かせて得る「絶対的剰余価値」と、生産性を上げることで得る「相対的剰余価値」を常に求めているとしました。

　工場を大規模化すると、労働者の協力意識や競争意識を高められるものの、一方では労働者が徒党を組みやすくなり、資本家へ反旗を翻しやすくなるとも述べています。

　資本主義はやがて競争で勝ち残った「独占資本」だけとなり、労働者は働く場を選べなくなり、搾取され尽くして貧困に陥り、資本主義は労働者の革命によって終焉を迎えるというのがマルクスの見立てでした。マルクスの考えた究極の理想社会は、富の公平・平等な分配が行われる共産主義社会としたのです（社会主義はその前段階で賃金格差がある）。

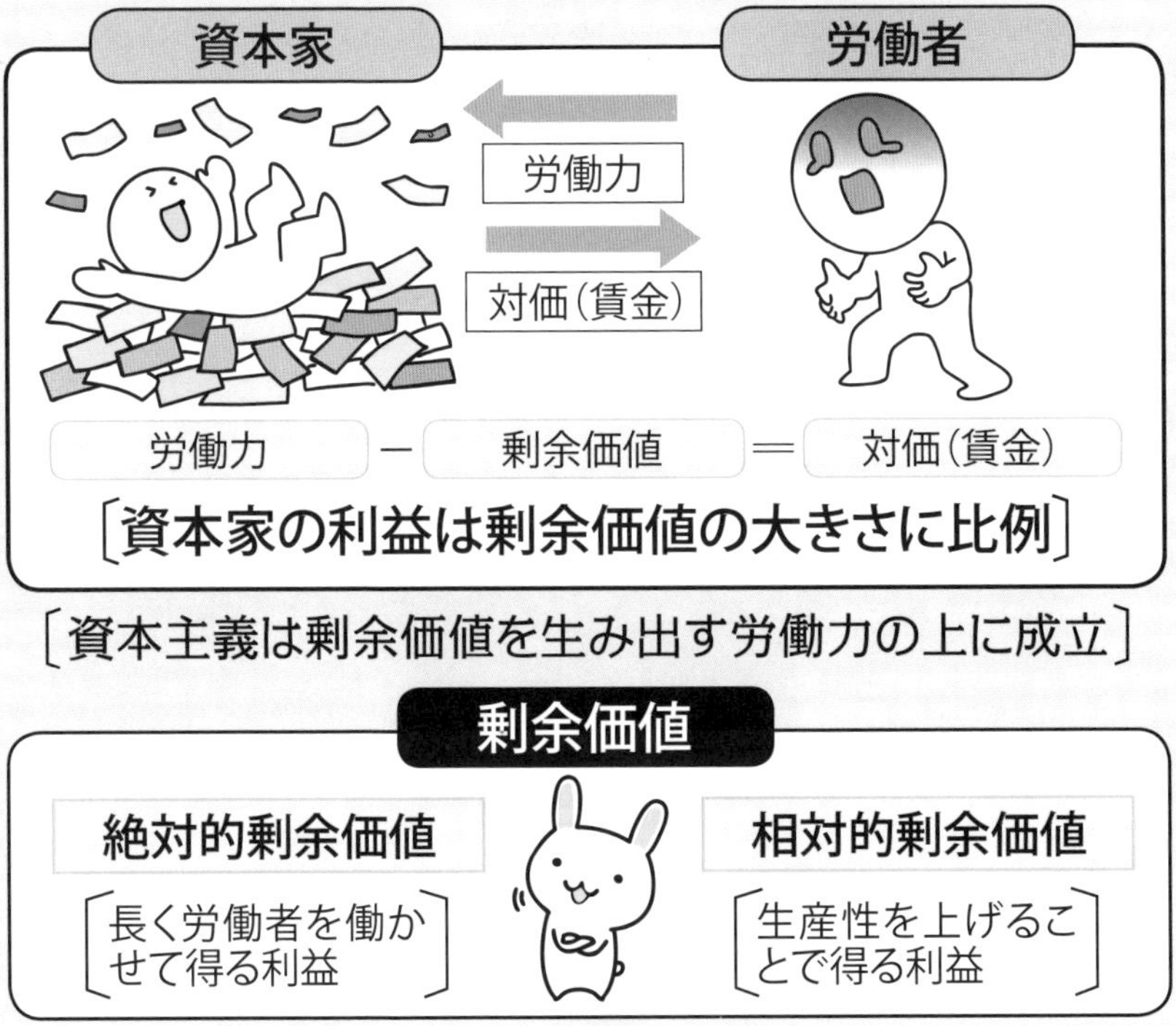

Column ②

「1ドル＝500円時代」がくるかも…という話

「円」という呼称は1871年（明治４年）５月、明治政府の「新貨条例」からで、当時は「金本位制」ゆえに「1円＝純金１・５g」として当時米国の「1ドル＝純金１・５g」に倣《なら》ったようです。その後、政府は西南戦争（1877年）の戦費調達で不換紙幣の大量発行で円の価値を低め、1882年日銀を創設し「1円＝純金750㎎」と兌換《だかん》レートを落とします。そして世界恐慌（1929年〜）や満州事変（1931年）の戦費調達で国債を乱発し「1ドル＝5円」前後のレートで第二次大戦に突入、敗戦後にはGHQから「1ドル＝50円」とされ、1947年には「1ドル＝270円」、1949年には「1ドル＝360円」になりました。この固定レートが1971年のニクソンショック（金とドル交換停止）を経て73年から変動相場制への移行で「ドル安＝円高」傾向が続きます。しかしアベノミクスの日銀異次元緩和の大失敗で再び円安の不安は増します。長期金利が2%上がるだけで日銀は保有国債の含み損で自己資本約12兆円を上回り債務超過になるからです。国の信用が揺らげば超円安です。国の借金帳消しにはハイパーインフレで「1ドル＝500円」くらいが丁度よいとも言われます。

第2章

＜景気＞
日本経済と景気のカラクリ

1 好景気と不景気はどうして起きるのか

世の中の景気がよい時には、モノがよく売れ、企業も生産力増強に取り組みます。従業員に賞与や残業代をはずみ、賃金アップも実施して、新たな人員募集も行うでしょう。当然、失業率も下がります。強気の企業は、さらに儲けるため、銀行からお金を借りて設備の増強に励んだり、新たな投資にも乗り出していくでしょう。また、世の中全体にお金が回れば、収入の増えた人は、外食や旅行にもどんどんお金を使うことでしょう。

しかし、こうした状況はいつまでも続きません。

やがて、モノやサービスを欲しがっていた人々も、ひとしきり揃えば満足して、お金を使わなくなります。だんだん、モノやサービスの需要が落ちていくわけです。これが景気の下降局面で、不況への足音が近づいてくるのです。

企業はモノが売れなくなると、好景気の時とは打って変わって逆の動きを始めます。工場には在庫が積み上がり、経営が厳しくなるにつれ、従業員の賃金カットやクビ切りに走る企業も出てきます。借金が返せなくなった企業は倒産します。

こうなるともう、世の中全体が不況色に染まるのです。先行きの見通しが暗いため、誰もが生き残りのためにサイフの紐を固く締めていきます。

こうして、不況の波にあまねく覆われていきますが、やがて時が経つにつれ、売れずに価格を下げていたモノやサービスも、少しずつ売れるようになっていくでしょう。

これが不況からの回復期に相当します。

このように**「好景気と不景気」「好況と不況」は循環し、山と谷のような弧を描いていくのです。**

これを「景気の循環」と呼び、この循環には「長期」「中期」「短期」の波動があるとされています。

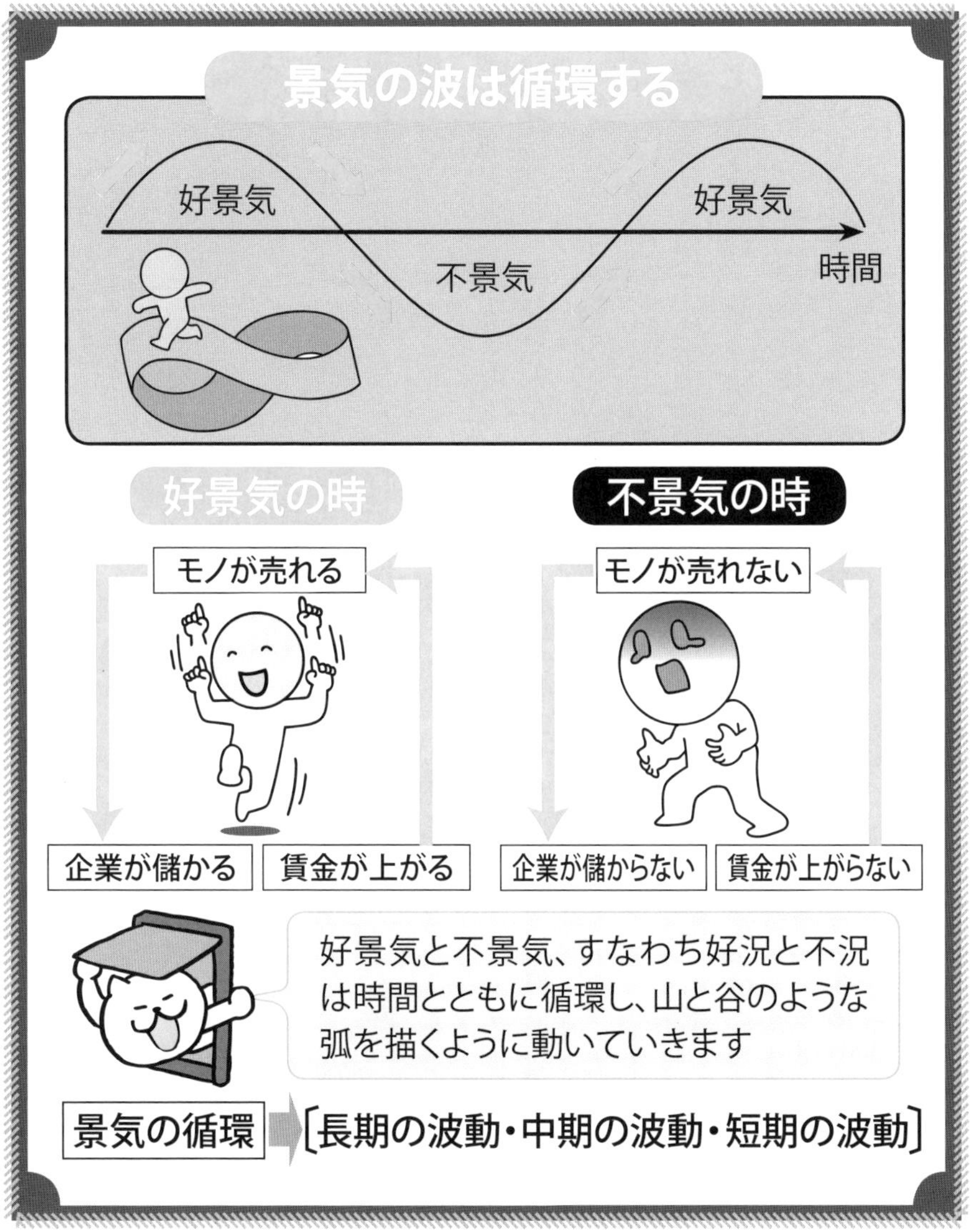
景気の波は循環する
好景気
好景気
不景気
時間
好景気の時
モノが売れる
企業が儲かる
賃金が上がる
不景気の時
モノが売れない
企業が儲からない
賃金が上がらない
好景気と不景気、すなわち好況と不況は時間とともに循環し、山と谷のような弧を描くように動いていきます
景気の循環
［長期の波動・中期の波動・短期の波動］

経済とお金の豆知識

19世紀後半の英国の経済学者W・S・ジェボンズは、太陽活動と経済活動が関連する説を提起しました。太陽黒点が11年周期で増えると、太陽エネルギー活発化の恩恵で景気がよくなるという説でした。

2 過去の日本経済を振り返ってみよう

日本は1945年8月15日に敗戦を迎え、GHQ（連合国軍総司令部）の占領下に置かれます。

都市部は度重なる空襲で廃墟と化し、生産設備もボロボロ、農村部も男手を軍隊にとられて疲弊し、食糧供給もままなりませんでした。そこに海外からの復員者や引揚者が600万人も戻ってきたのですから、人々は空腹に苦しめられ、**モノ不足からの激しいインフレにも見舞われてしまいます。**

しかし、GHQの占領政策は、日本を極東の貧乏国として放置するより、徹底した非軍事化と民主化でアジアの民主主義陣営の有力なパートナーとしたほうがトクと考えます。ゆえに日本復興への食糧援助や経済援助を惜しみませんでした。

そんな苦しい時代に、日本経済を立て直すチャンスとなったのが、1950年に勃発した朝鮮戦争でした。朝鮮戦争における米軍への物資補給が、日本での活発な設備投資を促したのです。朝鮮戦争は3年余りで休戦となりますが、この間の特需景気は米国の対日援助額の30億ドルをも上回る膨大なものでした。朝鮮特需後に景気は一時冷え込むものの、おかげで電力、石炭、セメント、鉄鋼など重化学工業への産業基盤が整い、これが次の成長に向けてのキャッチアップ体制を築きます。

そして**「神武景気」**をキッカケに、1955年から1973年の第一次オイルショックまでの高度経済成長（18年間）を育むのです。途中**「岩戸景気」「オリンピック景気」「いざなぎ景気」**を挟んでの成長は目覚ましく、しばしば実質GDPは10％を超える勢いで伸びました。その後、日本は1980年代後半の**「バブル景気」**に浮かれたものの、バブルが弾けた90年以降は「失われた30年」と言われるほどの長い停滞期に入ります。

過去の好景気の名称

神武景気	岩戸景気	オリンピック景気
(1954年〜1957年)	(1958年〜1961年)	(1962年〜1964年)
31カ月	42カ月	24カ月

いざなぎ景気	バブル景気
(1965年〜1970年)	(1986年〜1991年)
57カ月	51カ月

1954年に始まった「神武景気」を発端として日本は約18年間、高度経済成長を育むことになりました

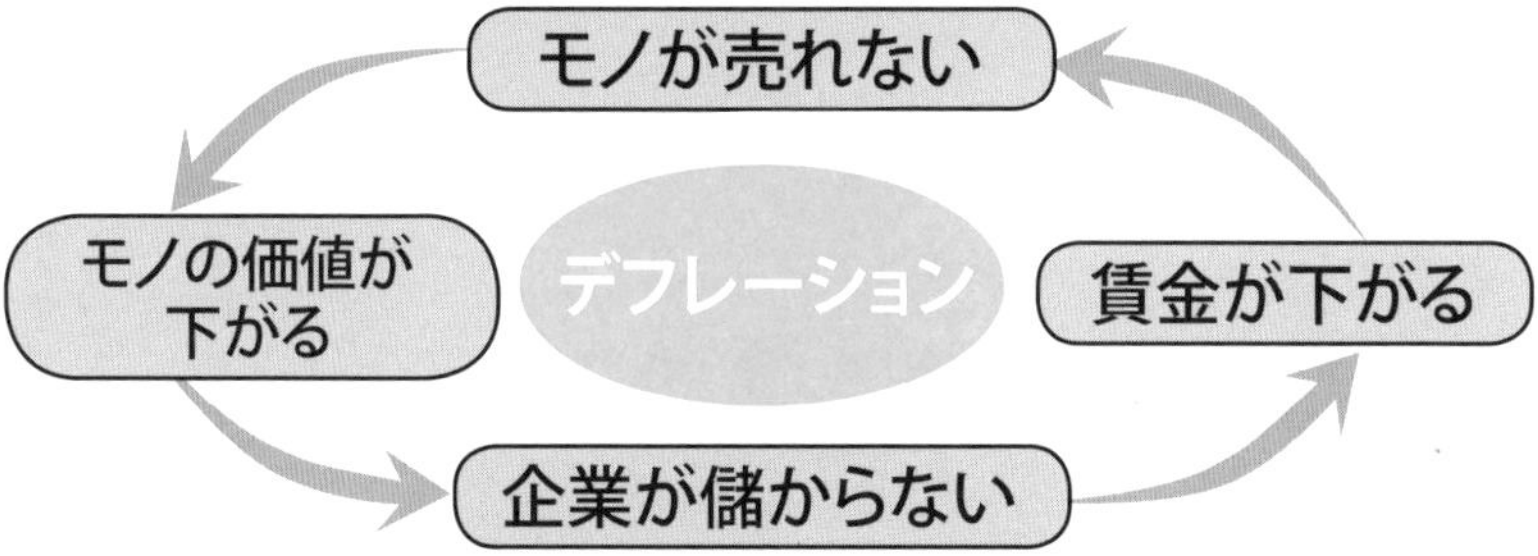
モノが売れない
モノの価値が下がる
デフレーション
賃金が下がる
企業が儲からない

1980年代後半から始まった「バブル景気」はあったものの、現在の日本経済は長い低迷期に入っています！

経済とお金の豆知識

GDP数値を人口で割った数値が「一人当たりGDP」ですが、ずっと世界１位を続けるルクセンブルクに次ぎ日本が２位だったのは1988年と2000年。その後は低落し、2023年は31位です。

3 バブル景気はどのようにして起きたのか

日本のバブル景気は１９８０年代後半に始まり、90年に政府の規制で弾けるまで、４年程度続きました。キッカケは、双子の赤字（経常赤字と財政赤字）に悩む米国が85年9月、ＮＹに招集した先進5カ国（米、仏、英、西独、日本）財務相・中央銀行総裁会議でした。ここでドル高是正と各国の内需拡大政策で合意したことからなのです。

　この結果、**当時１ドル２４０円前後の水準だった日本円は、88年１月までに１２０円前後までの2倍の高騰を容認します。**日本は急激な円高のせいで輸出産業が大打撃を被り、円高不況に喘《あえ》ぎます。輸出に頼る製造業は、売上減少を食い止めるべく、徹底した合理化努力へと拍車をかけます。

　同時に政府・日銀も公定歩合を引き下げ、企業の資金繰りへの支援を行います。その後、日銀の公定歩合引き下げは5回に及び、１９８７年には当時としての史上最低水準の2・5％まで引き下げました。すでに、86年11月には景気の底入れが確認されていたのに、日銀は対米協調を優先し、低金利政策を執拗に続けたのです。

　そして１９８７年10月19日に起きた米国株価の大暴落「ブラックマンデー」によるドル暴落を阻止すべく、この低金利政策をなんと89年5月まで実に2年3ヵ月も続けました。

　これにより、世の中にだぶついた資金が過剰流動性を生み、低利の融資を受けた企業は余剰資金でここぞとばかりに「財テク」に奔走しました。

　円高で国内物価が抑えられる中、株や不動産、絵画や美術品、ゴルフ会員権が異常に暴騰し、「資産インフレ」の状況を呈したのです。国内に溢れた資金は世界へ流れ、欧米ではジャパンマネーによる不動産などの買い占めで顰蹙《ひんしゅく》を買いました。

バブル景気が起きたカラクリ
日本銀行
企業
低金利でお金を供給する
融資を受けた企業は余剰資金で財テク
余剰資金で株式や土地などへ投資
株価や土地の価格の上昇で利益を得る
利益分をさらに株式や土地などに投資
多くの企業や個人が投資によって大きな利益を得る
バブル期と呼ばれる好景気
バブル期の日本では、不動産や株式は上がり続けるものであると、多くの人たちが信じていました!

経済とお金の豆知識

世界史上で最も有名なバブルが、オランダの「チューリップ・バブル」です。珍しい花をつける球根が爆上がりして、家や土地を担保に借金し、チューリップの先物市場への投機に狂奔して弾けました。

4 公的資金とはどんなお金のことなのか？

前項で解説の通り、日銀の甘い見通しの判断ミスによって、日本はバブル景気に狂奔します。

しかし、暴騰した不動産や株式への国民の批判の高まりや、米国政府の不満も募らせたのでした。

米国には、せっかくドル安・円高に誘導したのに、米国製品の対日輸出は増えず、対日進出したくても高い地価を背景にした高家賃、高物価があり、日本独特の商習慣や網目のような規制が、高い参入障壁に映ったからです。米国の不満は無視できません。そこで政府と日銀は、今度は「バブル潰し」に乗り出すのでした。まるでマッチポンプです。公定歩合を急激に引き上げ（1989年5月から90年8月までに2・5%から6%へ）、金融機関へは不動産業者への融資を抑制する「総量規制」を実施、「地価税」の創設、「固定資産」への課税強化、「土地取引」の届け出制、「特別土地保有税」の見直し、「譲渡所得」の課税強化、「土地取得金利分」の損益算入繰り入れを認めない……など矢継ぎ早の規制強化を行います。結局このやりすぎのバブル潰しで、90年に入ると、見事にバブル経済は崩壊します。しかし、あとに残ったのは金融機関が抱える「不良債権」の死屍累々《ししるいるい》の山でした。地価も株価も高騰時から半値前後に急落すれば、借金で購入していた投資家は担保割れで借金も返せなくなります。当然の帰結でした。

これ以降も株や不動産といった資産価格は下落していくので金融機関はますます不良債権を膨らませ、倒産の危機を迎えました。そこで金融機関を助けるかどうかの議論伯仲の末、**税金で金融機関を助けようとなります。これが「公的資金」です。**2002年末までに計21行の金融機関に総額38兆円を注入し、救済していったのでした。

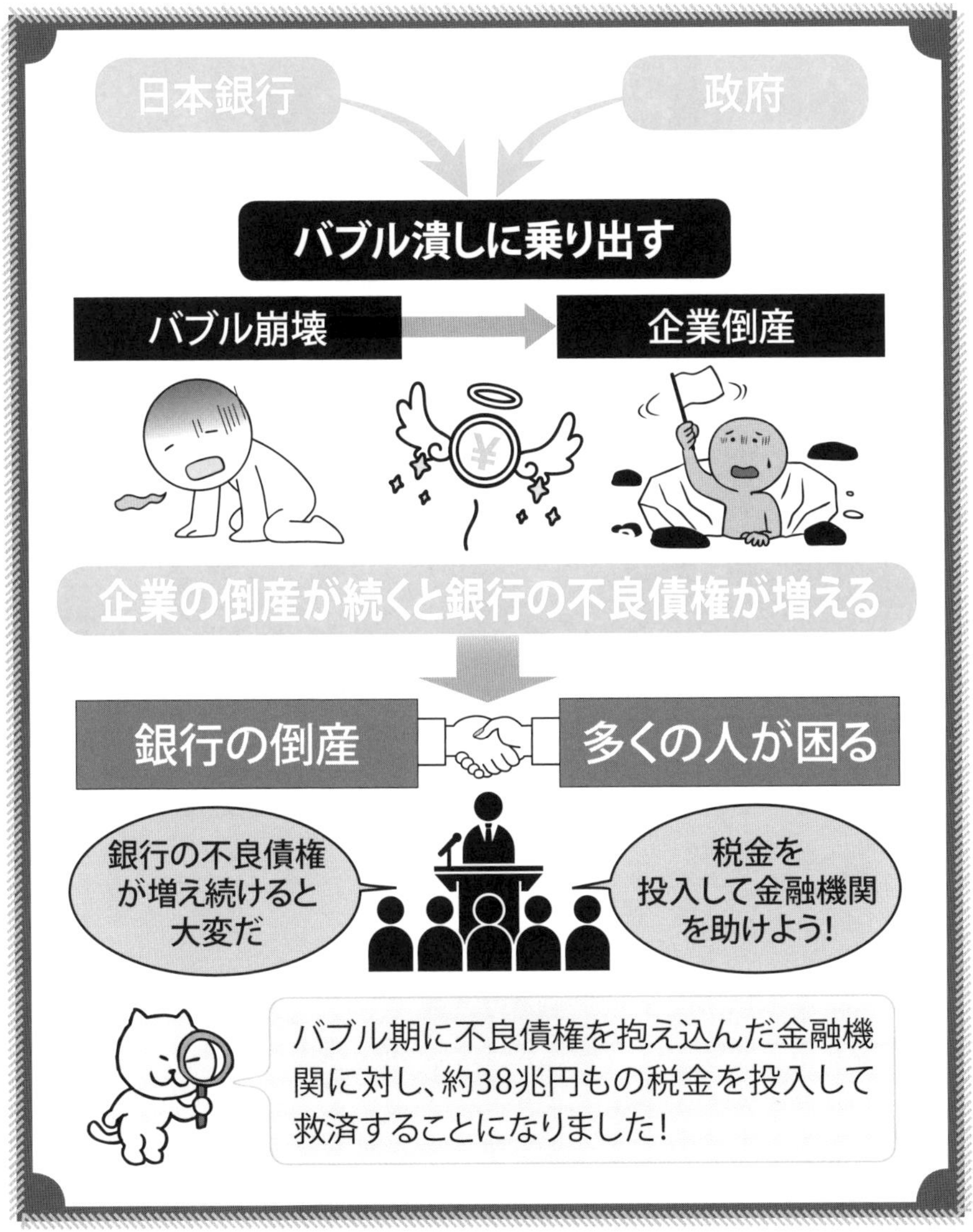
日本銀行
政府
バブル潰しに乗り出す
バブル崩壊
企業倒産
企業の倒産が続くと銀行の不良債権が増える
銀行の倒産
多くの人が困る
銀行の不良債権が増え続けると大変だ
税金を投入して金融機関を助けよう!
バブル期に不良債権を抱え込んだ金融機関に対し、約38兆円もの税金を投入して救済することになりました!

経済とお金の豆知識

2008年世界的金融危機となったリーマンショックは、投資銀行リーマン・ブラザーズがサブプライムローン証券の損失拡大で資金繰りに窮するも、米政府が公的資金注入などの救済策を見送って起きました。

5 経済規模を表わす「GDP」とは何か？

GDP（国内総生産）は、国内にいる人（外国人含む）が、1年間でどれだけ儲けたかという付加価値の総和です。現在日本のGDPは、米国や中国、ドイツに次ぐ世界4位の経済規模です。「失われた30年」と言われるほど成長しなくり、近いうちにはインドにも抜かれる見込みです。

GDPは、部品も含めすべてが国内生産のクルマの価格が200万円なら、GDPへの算入も200万円です。しかし、価格の60%が輸入部品で占められていれば、国内で新たに生まれた付加価値分は40%なので、GDPへの算入は80万円のみとなります。レストランで2000円の食事をして、料理の材料費800円すべてが輸入品なら、GDP算入額は1200円です。

なお、古物商でのリサイクル品売買は、新たな付加価値を生んだわけではないため、GDPへの算入額はゼロです。GDPへの付加価値の算入は、モノに限らずサービスも含まれるので、1万円のマッサージ代は1万円のGDP算入となります。

GDPは経済規模を表わしますが、これを人口で除すると国民の所得水準がわかる「1人当たりGDP」が示されます。2000年時点で日本は、世界1位のルクセンブルクに次ぐ2位でしたが、円安のせいもあって、2023年では34位です。

ところで、かつてはGDPではなく、GNP（国民総生産）という指標が使われ、日本にいる外国人を除き、日本人が海外で儲けた分（利子や配当も含む）も付加価値として算入していました。

しかし、グローバル化の進展で、一国の経済指標を表わすにはGDPのほうがふさわしいと政府もGDPを採用しました。**GNPは、近年GNI（国民総所得）と呼ばれ、再び注目を集めています。**

2023年世界各国GDPランキングベスト10

名目GDPランキング（2023年）		
1	アメリカ	26兆9496億
2	中国	17兆7008億
3	ドイツ	4兆4298億
4	日本	4兆2308億
5	インド	3兆7322億
6	イギリス	3兆3320億
7	フランス	3兆0490億
8	イタリア	2兆1860億
9	ブラジル	2兆1268億
10	カナダ	2兆1178億

（米ドル・IMF）
※数値はIMFより2023年10月に発表されたものです。

1人当たり名目GDPランキング（2023年）		
1	ルクセンブルク	13万5605
2	アイルランド	11万2248
3	スイス	10万2866
4	ノルウェー	9万9266
5	シンガポール	8万7884
7	アメリカ	8万412
20	ドイツ	5万2824
23	イギリス	4万8913
28	イタリア	3万7146
34	日本	3万3950

（米ドル・IMF）※小数点以下四捨五入

GDPとGNPとの違い

GDP
（国内総生産）
国内で1年間で生産した付加価値の合計

GNP
（国民総生産）
国民が1年間で生産した付加価値の合計

GNPは最近ではGNI（国民総所得）と呼ばれ、再び注目を浴びるようになっています！

経済とお金の豆知識

IMF（国際通貨基金）は米国、中国に次ぐ世界第3位の日本のGDPが2023年ドイツに抜かれると見通しました。1969年に当時の西ドイツを抜き世界第2位となったものの、今では4位に転落です。

6

人口が減少し続けた20年後の日本

今から20年後の日本はどうなっているでしょうか。そして、あなたはどうなっているでしょうか。20年後は長いようで短い年月です。

今から20年後の日本のGDPの世界順位は7位くらいに落ち込むと予想されています。日本経済は、ほとんど成長しなくなっているので他国の成長に遅れをとり、〝地盤沈下〟が続くからです。

今から20年後といえば、今働き盛りの40代の人は、60代の定年時代が現実化する年齢となり、今30代で「まだ若い」と思っている人も50代となります。定年を前にリストラや役職定年やらで年収が激減したり、希望退職募集などにも遭遇せざるをえない年代となるでしょう。

日本の少子高齢化による人口減少は今よりはるかに進みます。今から20年後の2044年の人口は、1300万人も減り、1億1千万人そこそこになります（2054年に1億人割れ）。

日本が深刻なのは、人口比率での65歳以上高齢者が、今の29％から37％にまで膨れ上がることです。65歳以上高齢者は4000万人でこの頃がピークになります（今は3623万人）。

健康寿命（男性73歳・女性75歳）を超えて長生きする人が増えるわけですから、介護施設で暮らす人も多くなります。住宅も3戸に1戸は空き家になります。年金財政もタイトなので支給年齢の後ずれも現実化しそうです。警察官や自衛官の定員割れも大きくなって治安や安保も心配です。

実際、高齢者を狙う犯罪も増えており、日本周辺の有事への備えも危うくなりそうです。地球温暖化による気候変動での災害も増えるでしょうし、世界的な食糧危機の懸念さえあります。将来に備えた態勢作りが、今後の人生の重要テーマです。

日本の高齢化社会の実態

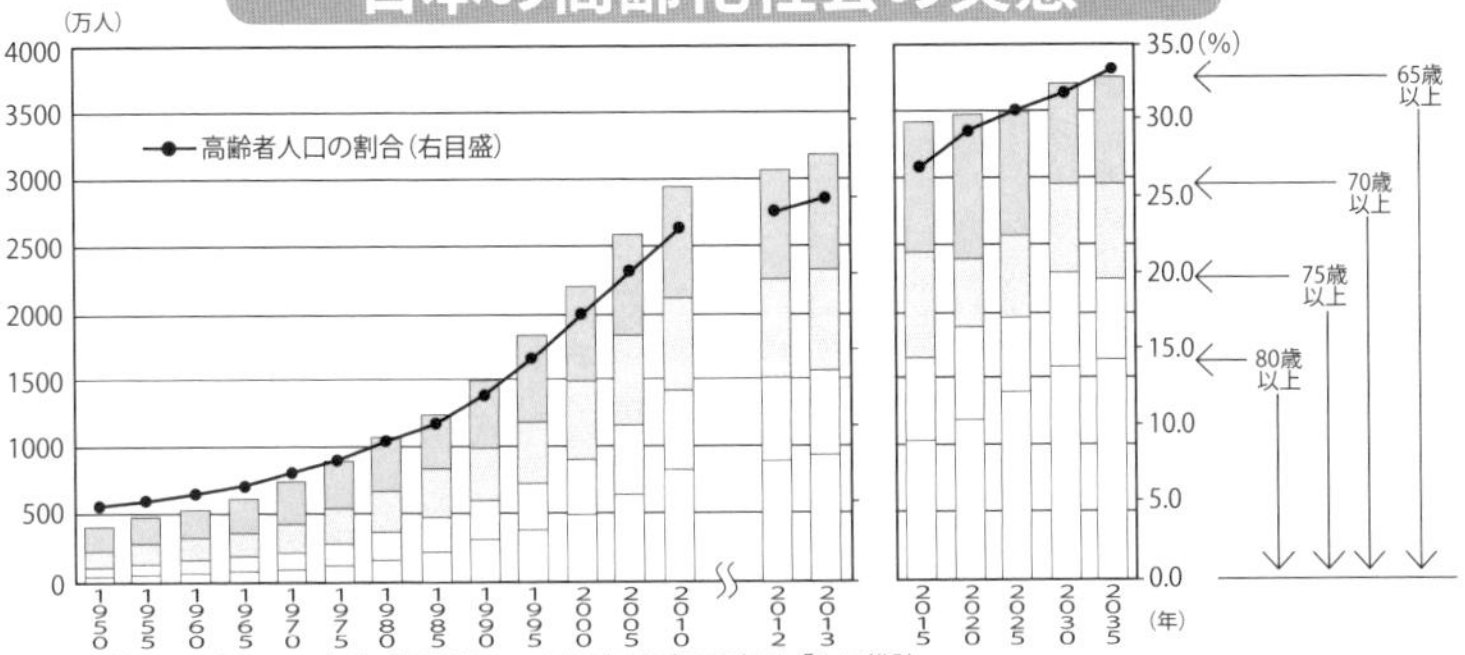

資料：1950年～2010年は「国税調査」、2012年及び2013年は「人口推計」
2015年以降は「日本の将来推計人口（2012年1月推計）」出生（中位）死亡（中位）推計（国立社会保障・人口問題研究所）から作成
注）2012年及び13年は9月15日現在、その他の年は10月1日現在
出典・総務省統計局の資料

主要国の高齢化率の比較

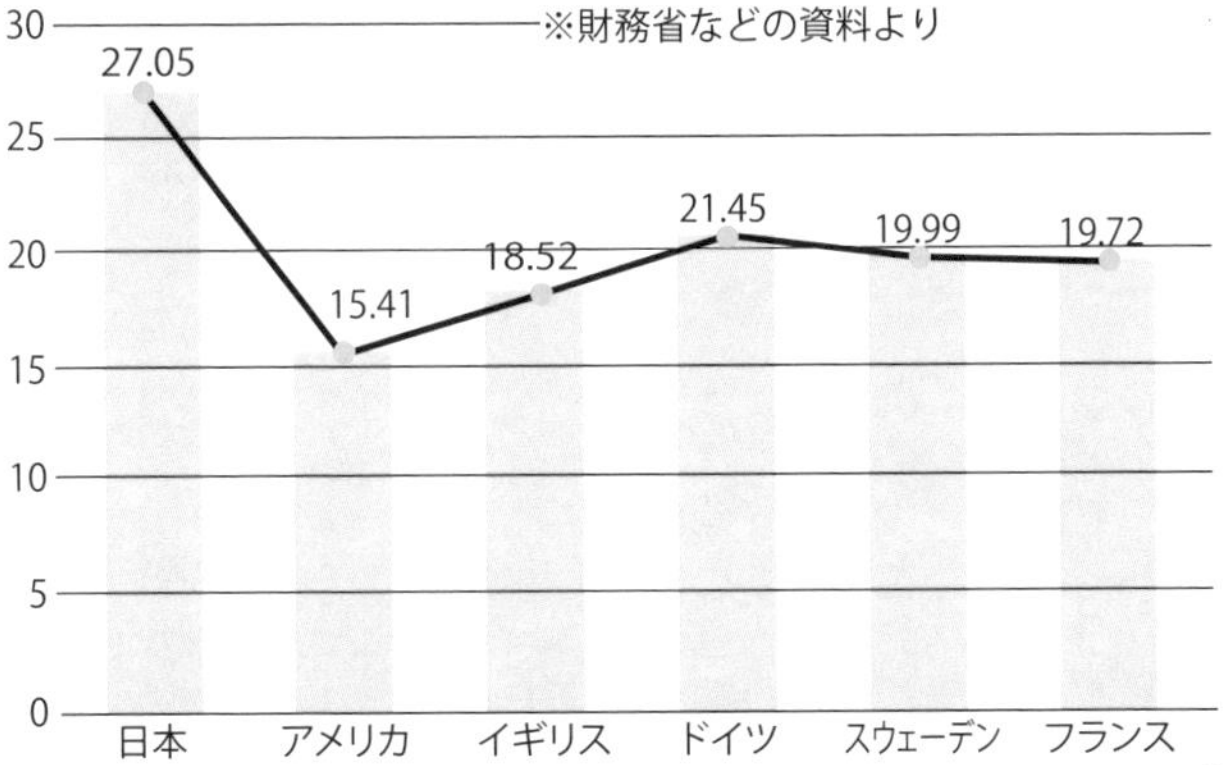

20年後の日本、このまま少子高齢化の社会が進めば、約37%の人が65歳以上の高齢者となってしまいます！

経済とお金の豆知識

年金受給世代の高齢者は、これからもっと貧乏になります。年金は現役世代から年金受給世代への「賦課方式（仕送りシステム）」ゆえに年金受給世代が多くなれば年金支給額を減らす必要があるからです。

7 「人口ボーナス」と「人口オーナス」とは？

経済発展には「人口が多い」という要素が欠かせませんが、本当に経済発展に直結するのは所得を生み出す「生産年齢人口（15歳〜64歳）」の動向のほうです。

この「生産年齢人口」以外の扶養対象となる働き手でない年少者（0歳〜14歳）や高齢者（65歳以上）の人口は「従属人口」と呼ばれます。**「従属人口」が少なく、「生産年齢人口」が最も多い時期を「人口ボーナス期」と言います。**

日本では、戦後のベビーブームで生まれた団塊世代が社会に進出し、「生産年齢人口」が爆発的に増え始めた1970年代から90年あたりが「人口ボーナス期」に相当すると言われます。

この時期は、65歳以上高齢者の人口規模も小さく、少産少死時代を迎えて年少者も少なくなり、扶養負担が軽かったという恩恵があったのです。

一時は、全人口の70％前後まで「生産年齢人口」が膨らみ、日本経済は著しく発展できました。「ボーナス」とは報償金や特別配当のことで、文字通り、人口構造による経済発展を意味します。

ところで「従属人口指数」というのがあります。これは「生産年齢人口」に占める「従属人口」の割合を示しますが、こちらの指数でも、人口ボーナス期と言われる1970年〜90年あたりが最も小さくなっていますが、こちらは「生産年齢人口」の減少とともに、急激に数値が上昇し、80を軽く超える値になってきています。従属人口1人を支えるのに生産年齢人口が1・25人しかいないからです。**働き手よりも扶養される人のほうがだんだん増えてきている状況で、これを「人口オーナス」と言い、「オーナス」とは負担や重荷の意味で、いよいよ社会保障体制の危機なのです。**

従属人口	生産年齢人口	従属人口
[0歳〜14歳]	[15歳〜64歳]	[65歳以上]

生産年齢人口が最も多い時期を人口ボーナス期と言います

日本では1970年代から1990年あたりが「人口ボーナス期」にあたると言われています

従属人口指数

[生産年齢人口が従属人口をどれだけ扶養しているかを示した指数]

従属人口（0〜14歳 65歳以上）÷ 生産年齢人口（15歳〜64歳）×100

1970〜1990年代をピークに従属人口指数は増え続け働き手より扶養される人が増えています。これを人口オーナスと言います!

経済とお金の豆知識

国民の平均年齢が高い国の世界ランキングでは1位モナコ（55・4歳）、2位日本（48・6歳）、3位ドイツ（47・8歳）の順です。これから人口ボーナスが得られると言われるインドは何と28歳です。

8 アベノミクスが日本人に及ぼした影響

「アベノミクス」は、2007年9月に体調不良で政権を投げ出した安倍晋三首相が、再チャレンジで2012年12月、再び政権の座に就いて打ち出した経済政策です。当時の日本はバブル崩壊後の後遺症により、97年以降恒常的なデフレに陥り、景気回復もままならず、1ドル百円を下回るほどの超円高にも悩まされていました。

　そこで、第2次安倍内閣では、長期のデフレからの脱却と名目経済成長率3%を目指すとして、**「大胆な金融政策」「機動的な財政政策」「民間投資を喚起する成長戦略」の3本の矢を主軸とした「アベノミクス」を打ち出したのです。**

　しかし、政策の効果を印象付けたのは「大胆な金融政策（日銀の無制限金融緩和）」だけで、1ドル70円台まで進んだ円高を110円台水準の円安に戻して輸出大企業に貢献し、政府による公的年金資金の投入で株価を上昇させたぐらいです。

　日銀の黒田総裁が目標として掲げた「安定的なインフレ率2%」は、2023年4月に退任するまで10年経てども、一向に達成できずに終わりました。その間、金融市場から国債を膨大に買い入れ、ETF（上場投資信託）を50兆円以上購入し、株式市場を官製相場化してしまいました。

　結局、**マネタリーベース（日銀の当座預金通貨）には資金がブタ積みされても、経済全体に資金が行き渡るマネーストック（通貨供給量）はほとんど増やせず異次元緩和は大失敗だったのです。**

　景気浮揚を口にしながら安倍首相は2回も消費税率を上げ景気を冷やします。やることがアベコベなので「アベコベのミクス」と揶揄《やゆ》される始末です。結局、超円安に見舞われた日銀の植田新総裁は緩和の出口を探り、手を拱《こまね》くばかりなのです。

アベノミクスの3つの矢

大胆な金融政策

機動的な財政政策

民間投資を喚起する成長戦略

デフレからの脱却と名目経済成長率3%を目指す

政策の効果は「大胆な金融政策」のみで政府による公的年金資金の投入で株価を上昇させたのみです!

日本のインフレ率の推移

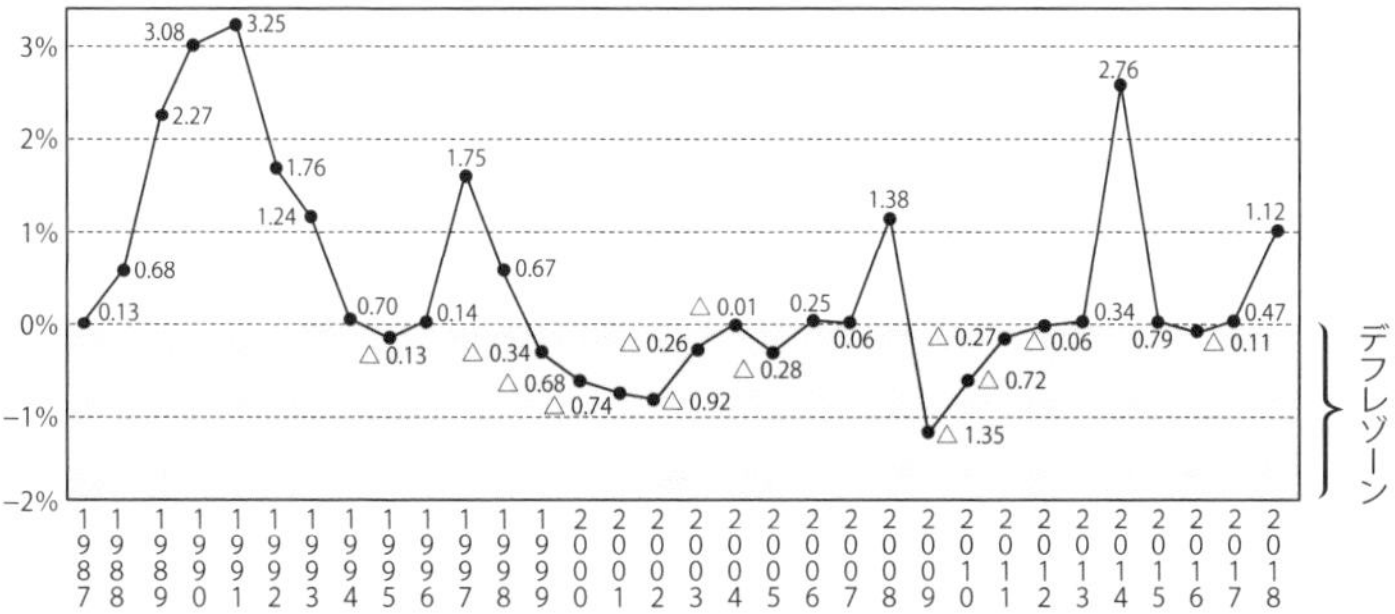

マネタリーベースの推移

（異次元緩和前）
2013年３月　135兆円
2023年3月　646兆円（4.78倍）

マネーストックの推移

2013年３月Ｍ３　1152兆円
2023年3月Ｍ３　1565兆円
（1.35倍）

『眠れなくなるほど面白い 経済とお金の話』より一部引用

経済とお金の豆知識

消費者物価指数は消費税込みの価格で計算されます。消費税率アップはインフレ要因と思われがちですが、実際は購買量が減少、かえって消費が落ち込むデフレ要因です。企業には賃金下押し圧力となります。

もっと知りたい 経済とお金の話③

「資本主義」と「社会主義」の違いとは何か？

資本主義は、個人が自由に土地やお金や生産設備といった資本を保有できるしくみです。このしくみは、18世紀後半にイギリスで勃興《ぼっこう》した「産業革命」後に広がります。特徴は工場経営者などの資本家が、自分の工場で働いてもらう労働者から、その労働力を買い取り、生産を行う様式です。すなわち、工場などの生産設備を個人が保有できる「私有財産制」が認められ、生産物で儲けを得る「利潤追求の自由」が許され、市場で自由な取引ができる「市場主義自由経済」などが前提です。しかし、このしくみでは不況になるとモノが売れず、経営者が労働者を解雇し「失業率」が上がり、「格差が拡大する」といった難点があります。

これに対し、産業革命時代の資本家と労働者の険しい関係から「社会主義」の考えが生まれます。それがドイツの思想家カール・マルクスが著した『資本論』にまとめられます。

マルクスは、資本主義は行き詰まり破綻すると予想して、「私有財産制」「利潤追求の自由」「市場主義自由経済」などを否定します。

国家が工場や設備を所有し、労働者階級が運営する国家が、物資の過不足が

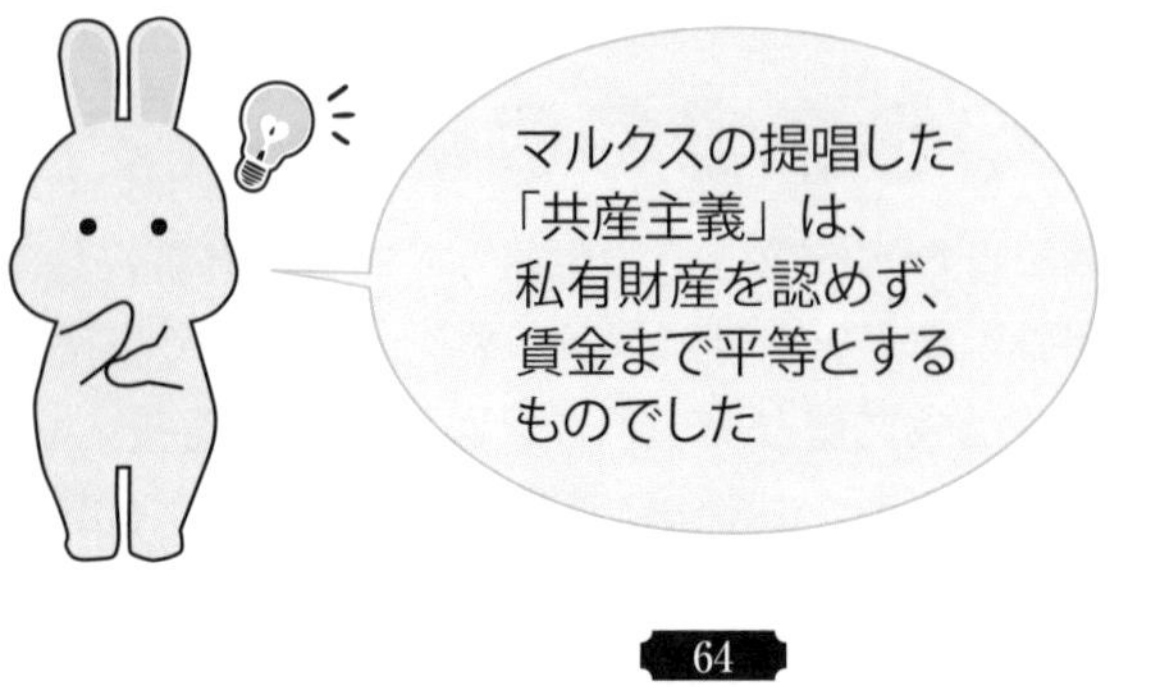
マルクスの提唱した
「共産主義」は、
私有財産を認めず、
賃金まで平等とする
ものでした

起こらない生産計画を立て、その下で労働者が平等に働き、「剰余価値」と呼ばれる賃金搾取の部分をなくした公平な賃金が得られるしくみでした。

　これが「社会主義」の源流の「共産主義」で、その後1917年にロシア革命が起き、「社会主義」を実践したソビエト連邦が成立します。しかし、社会主義も多くの難点があります。「競争がないのでモチベーションが低く生産効率が上がらないこと」や「特権階級による富の独占や非効率な官僚化がすすむこと」です。こうした矛盾が重なることで衰退し、実際1991年にソ連は崩壊します。

　その後は中国でも「社会主義」が実践され、やがて中国式社会主義を標榜《ひょうぼう》し、経済の自由などを認め、世界第2位のGDPにまで昇りつめますが、特権階級がはびこる一党独裁下の内部矛盾や格差拡大などで現在も混迷が続いています。

資本主義

自由にお金儲けをすることはOK
自由に土地を所有することはOK

↓

格差社会が生まれやすい

主な資本主義国

- 日本
- アメリカ
- イギリス
- ドイツ
- フランス
- カナダ
- イタリア

……など

社会主義

自由にお金儲けをすることはNG
自由に土地を所有することはNG

↓

格差社会が生まれにくい

主な社会主義国

- 中国
- 北朝鮮
- キューバ
- ベトナム
- ラオス

……など

共産主義と社会主義が同じ意味だと思われがちですが、共産主義は平和で平等な社会が完成した状態を指し、社会主義は共産主義への移行段階を言います

人々に影響を与えた経済学者③

ジョン・メイナード・ケインズ

（1883年〜1946年）

減税や公共投資で有効需要を創出することが不況克服につながると提唱

不況からの脱却は、政府の介入なしに達成することはできない！

1929年10月24日は「暗黒の木曜日」と呼ばれます。この日に世界恐慌の発端となるニューヨーク・ウォール街で株価の大暴落が起きたからです。ダウ平均株価はここから2年8カ月後に底値を付けるまで89％も下落し、元の水準に戻るまで25年を要します。

当時の米国のフーバー大統領（在位1929〜33年）は、古典派経済学の教えに従い、「放っておいてもそのうち景気は回復する」と楽観視し、政府の介入を最小限としたため、恐慌は深化し世界中に波及します。

米国の失業率は2割強に達し、世界の貿易額は5割減少し、各国は経済ブロック化をすすめ、第二次世界大戦（1939〜45年）の下地が作られていったのです。

1936年、イギリスの経済学者ケインズ

有効需要の原理

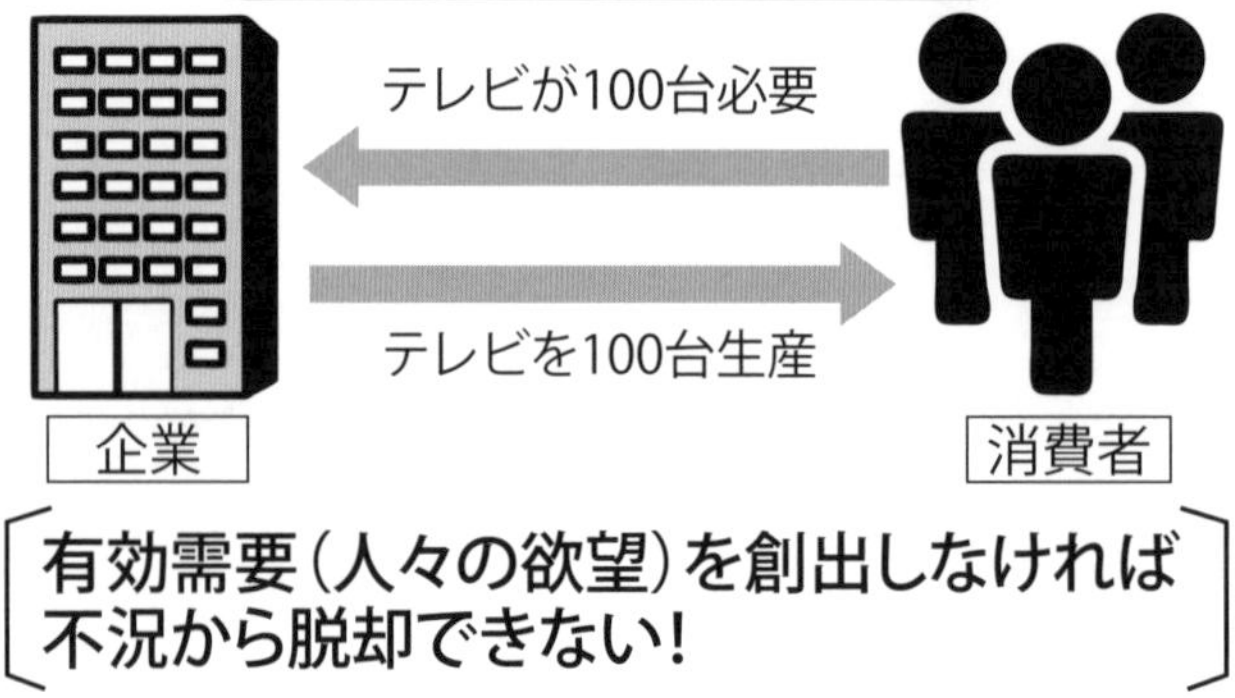

有効需要（人々の欲望）を創出しなければ不況から脱却できない！

は『雇用・利子および貨幣の一般理論』を著して、不況克服の指針を示しました。従来の古典派経済学が、供給面から捉えられたのに対し、ケインズは人々の欲望である「有効需要」を創出しなければ、不況脱出が難しいことを説いたのです。

恐慌に手を焼いていたルーズベルト大統領（在任1933〜45年）は、この考えに影響を受けて、政府が市場経済に積極介入する大規模公共事業などを行い、雇用の拡大を図りました（ニューディール政策）。

ケインズは、市場メカニズムだけでは有効需要が不足するので投資の増加で所得の増加をもたらす乗数理論を用い、減税や公共投資で「有効需要」を創出しようと考えたのです。

つまり、不況克服は市場の自由に任せるだけでは駄目という、こうした主張が「小さな政府」から「大きな政府」への流れを作り、今日では古典派経済学とケインズ経済学はともに融合し合い、経済に貢献しています。

小さな政府	大きな政府

経済活動に極力政府は介入しない	経済活動に政府が介入する
例・社会保障制度を民間にまかせる	例・医療費など個人負担を軽減する
↓	↓
大きな格差が生まれてしまう	格差を是正することができる

ケインズの主張

- 市場の自由に任せるだけでは不況は克服できない
- 小さな政府から大きな政府への流れを作る

アダム・スミスが提唱した"神の見えざる手"の弱点を指摘し、やがて古典派経済学とケインズ経済学の融合により経済は発展することになります

Column ③

年金総額が減り続けるという話

サラリーマンの場合、概ね年齢とともに報酬もアップしたものです。しかし、給与は定年退職時（現行60歳で2025年からは65歳）が一番高くなるわけでなく、大抵の企業が「役職定年制」の導入で50歳前後の年齢に達した従業員の肩書を取り上げ、給与も下げてしまうことが多いでしょう。

もともとこの制度は、平均寿命の延びに伴う年金支給開始年齢の引き上げと定年退職年齢の繰り延べに対する苦肉の策だったからです。日本では敗戦後において、男性は「定年退職55歳＝年金受け取り55歳」がふつうでした。しかし、段階的に年金支給開始年齢は引き上げられ、1973年からは60歳、2025年からは65歳になります。そのため定年退職年齢も引き上げて年金支給開始年齢に近づけています。この年金保険制度は「賦《ふ》課《か》方式」といい、現役世代からの仕送り型です。ゆえに「現役世代の人口減」と「高齢者増」に合わせて「年金支給総額」を減らす必要があります。

現在50歳前後より年齢が低い人は、支払い保険料総額より受給年金総額が少なくなるといいます。

第3章

＜用語＞
キーワードから探る
世の中のカラクリ

①チャットGPT ——次世代の検索機能サービス

チャットGPTは、OpenAI（オープンエイアイ）が開発した「生成AI」です。生成AIとは、与えられたデータから新たな画像・文章・音声などのデータを作り出せるAI（人工知能）技術のことです。

このチャットGPTは、アメリカのAI研究所のOpenAIが開発した会話型AIサービスで、ユーザーはチャットGPTのサイトで質問したいことをテキストで入力すれば数秒で回答を返してもらえます。

すでに多言語に対応しており、英語のみならずフランス語、ドイツ語、中国語、日本語などで質問し回答を得ることが可能です。

ちなみに、これまでのグーグルなどの検索機能サービスは、調べたいことのキーワードを入力し、その関連キーワードのウェブサイトを列挙し教えてくれるだけでした。しかしチャットGPTの場合は、ユーザーの質問に対して人が話すような言葉で回答してくれます。

検索のためのキーワードを考える必要もなく、ズバリ質問すればよいため、近い将来検索サービスは不要になるとも言われています。私たちの仕事も効率化されて、大きな経済変革も起きるとされます。

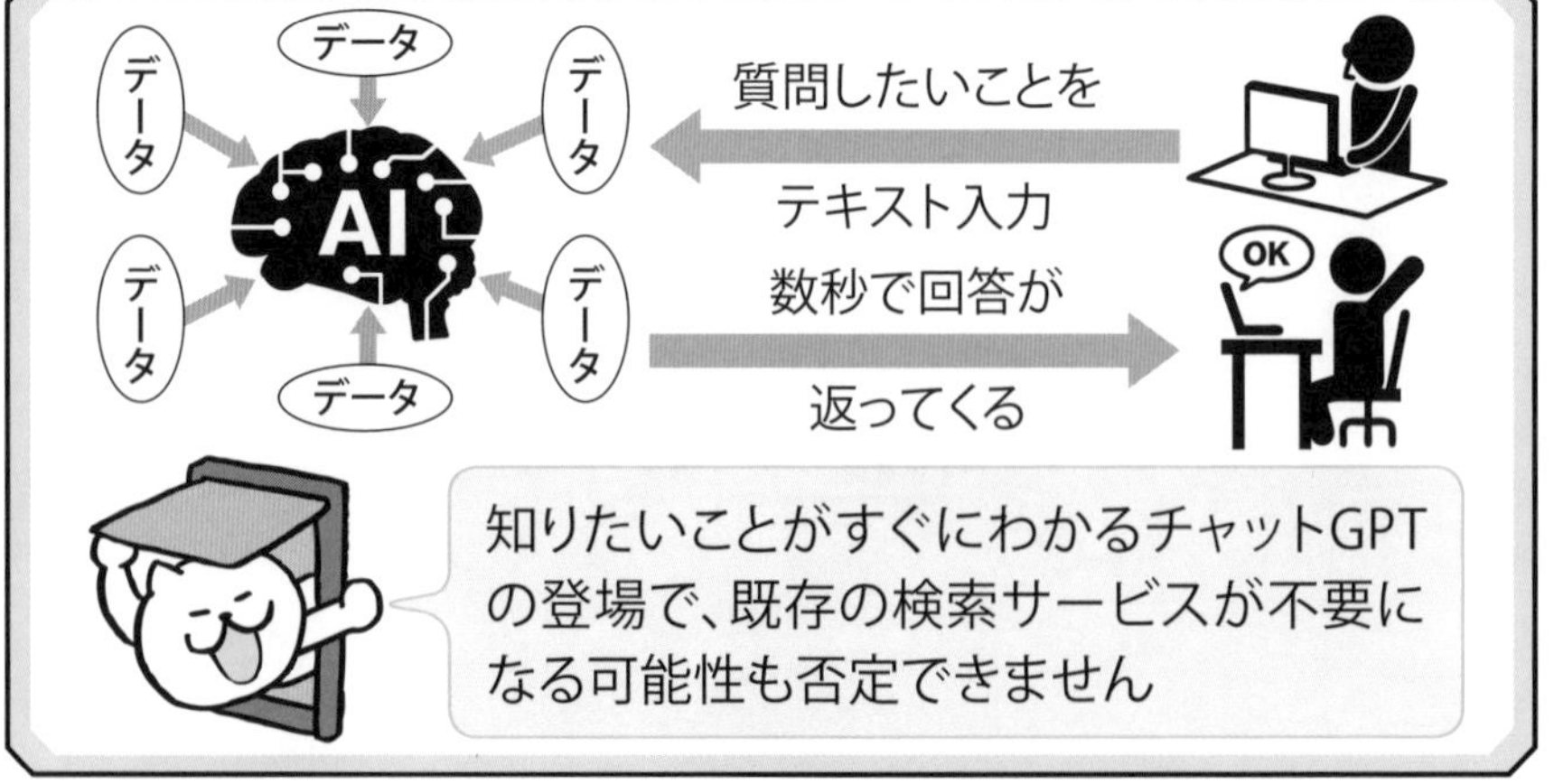
データ
データ
データ
データ
データ
データ
AI
質問したいことを
テキスト入力
OK
数秒で回答が
返ってくる
知りたいことがすぐにわかるチャットGPTの登場で、既存の検索サービスが不要になる可能性も否定できません

②ECビジネス
——ネット上で売買できるビジネスモデル

「ECビジネス」とは、Electronic Commerce（電子商取引）によるビジネス全般を指します。最も一般的なのは、オンラインで商品やサービスを売買できるというビジネスモデルでしょう。

従来は、店舗を構えて対面で商品を販売する方法が主流だったので、店舗の家賃や人件費などのコストがかかることが事業参入の障壁を高くしていました。しかし、ECは中小事業者や個人でも簡単に参入できる点が、ビジネスモデルとして画期的でした。

ECビジネスはインターネットの発展やスマホの普及によって、大きく成長してきました。事業者にとっては立地や時間に捉われることなく商品販売が可能となり、消費者にとっては店舗に足を運ばなくても商品を購入できます。こうした利便性が成長の背景にありました。ECビジネスのメリットは個人でも始められ、海外との取引も容易にした点です。一方で対面型販売とは異なり、顧客とのコミュニケーションが取りにくいことや、他と同じ商品を扱う場合には価格競争に陥りやすいことがデメリットになっています。

ECビジネス
電子商取引によるビジネス全般
中小事業者や個人でも簡単に参入できるようになる
ECビジネス
＜メリット＞
・個人でも始められる
・海外との取引が可能
＜デメリット＞
・コミュニケーション不足
・価格競争に陥りやすい

③メタバース
――インターネット上のもう一つの世界

メタバースとは、インターネット上のもう一つの世界（仮想空間）のことです。３次元で構成されたメタバース空間の中で、自分の分身であるアバターを動かし、他者との交流を図ったり、商品売買やさまざまなことが体験できるようになっています。

パソコンやスマホでも接続できますが、専用のVRデバイスを使えば、CGで作られた世界や 実写映像を「その場にいるような没入感」で味わえます。注目されるようになったのは、2021年にフェイスブックがMetaに社名変更したことが大きいでしょう。

コロナ禍でオンライン需要が増えたこともあり、この頃からメタバース市場に参入する企業が続々と増えたのです。現在はゲームやイベントが目立ちますが、今後は唯一無二のアイテムを作って売ったり、土地や絵画の売買など、対象範囲は拡大していくはずです。

商品やサービスを提供する企業側にとっては、仮想空間はECサイトよりも、さらに現実感のある商品展示や接客が行える魅力的な場ともなりえます。今後の成長が大いに期待されるゆえんなのです。

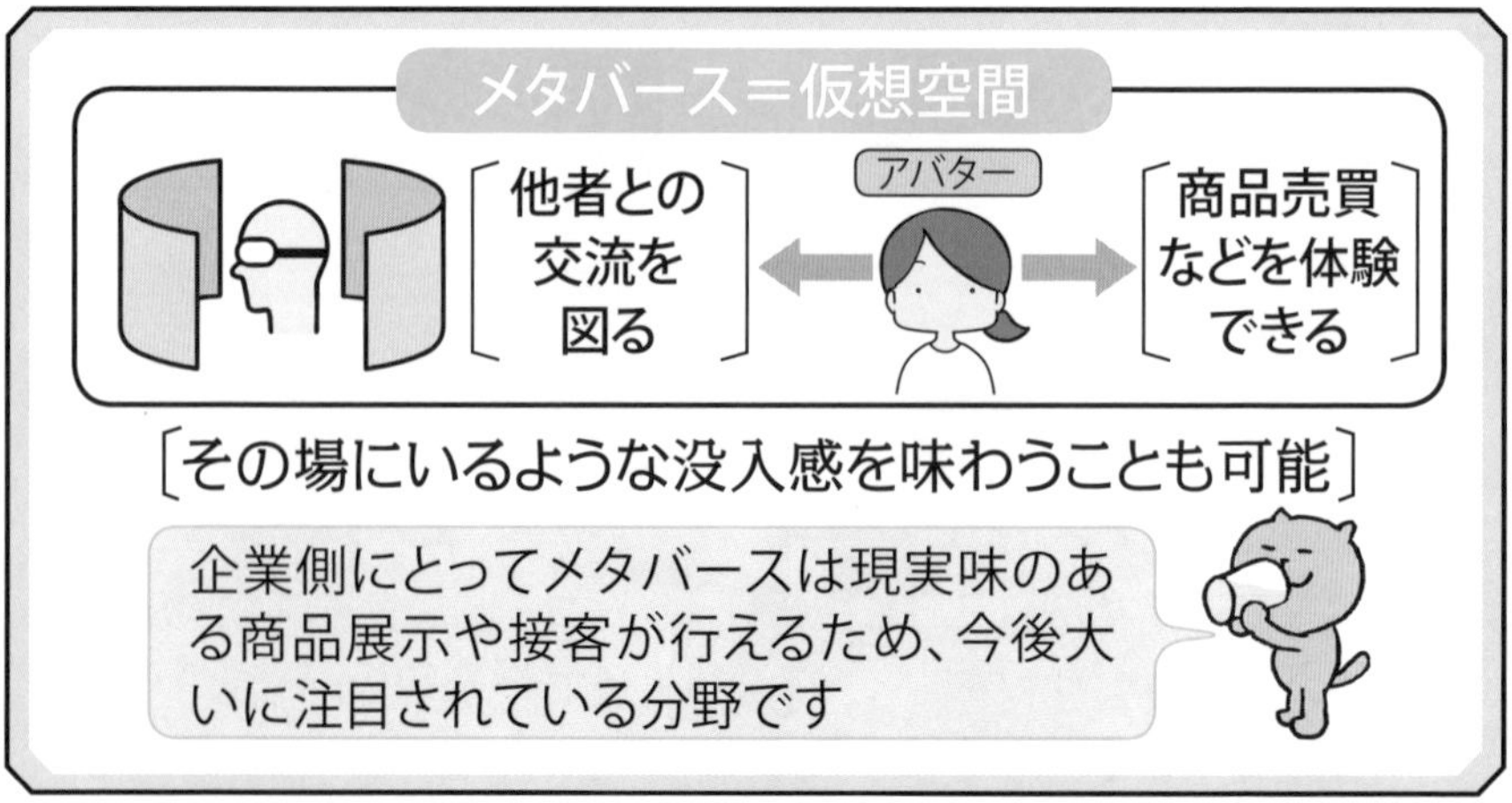
メタバース＝仮想空間
アバター
他者との交流を図る
商品売買などを体験できる
［その場にいるような没入感を味わうことも可能］
企業側にとってメタバースは現実味のある商品展示や接客が行えるため、今後大いに注目されている分野です

④DX(Digital Transformation)——デジタル技術やITデータの応用

DXとは、Digital Transformationの略です。

Transformationとは「変形」「変質」「変容」という意味で、日本語に置き換えると「デジタルによる変革」を意味します。

TransformationがしばしばXと略されることからDigital Transformationの略語としてDXが定着するようになったのです。

電話や手紙といった通信手段をメールやチャットツールに置き換えてきたことは、IT化にすぎませんでしたが、DXはそれらをさらに効率化して強化するデジタル技術やITのデータ活用を導入することを指しています。つまり、IT化は単なる「手段」ですが、DXはその未来に位置する「目的」となるもので、IT化は「量的変化」、DXはその先にある「質的変化」を意味します。

IT化は、既存プロセスの生産性向上でしたが、DXはプロセス自体を変化させることで、単に「作業時間が減る」「作成プロセスを自動化する」といったことだけでなく、顧客との接客方法そのものをデジタルを通じて根本的に変えることを志向するものなのです。

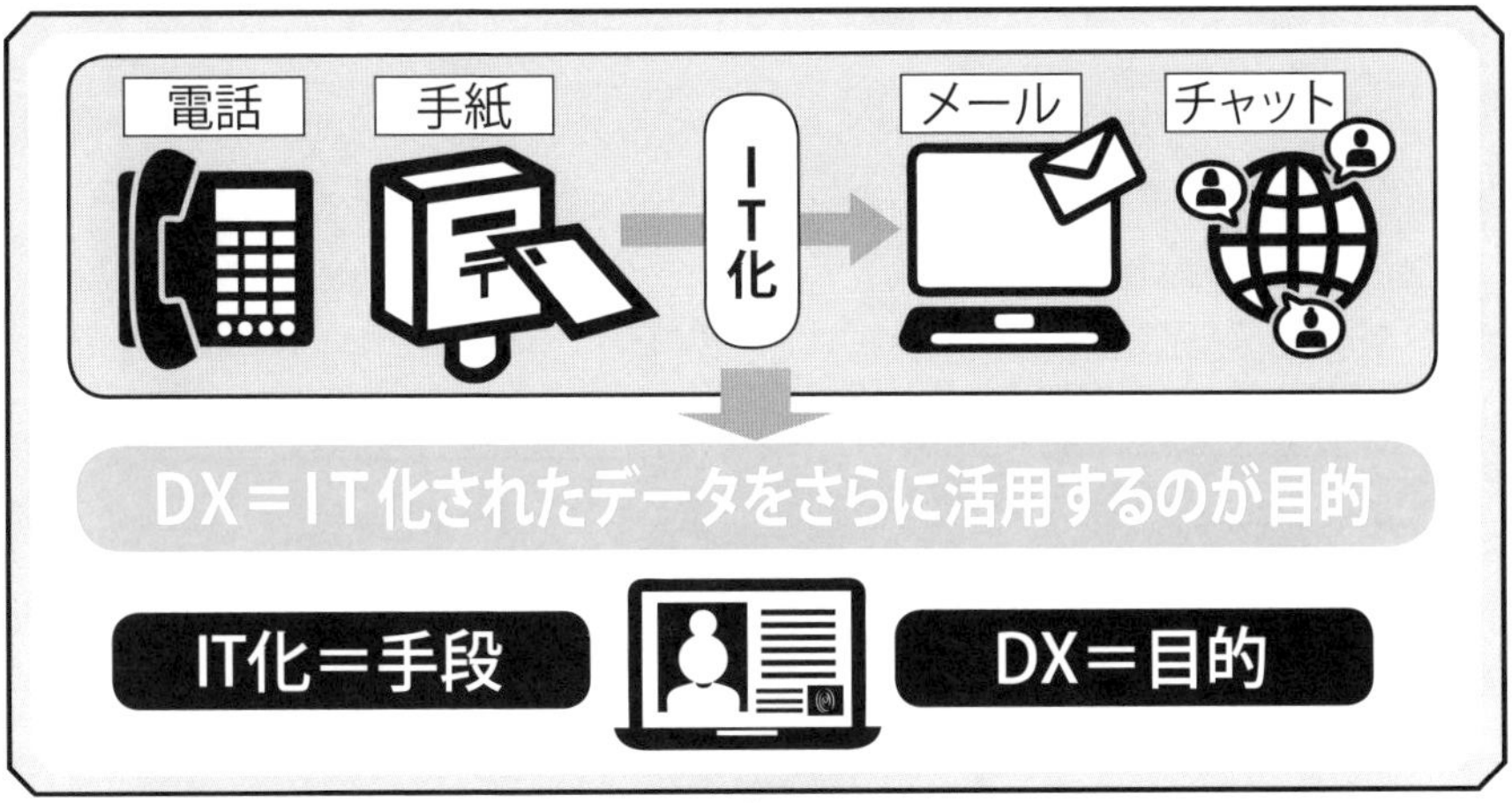

⑤インバウンド
——増え続ける訪日外国人の旅行者数

インバウンド（Inbound）とは「外から内に」という意味で、外国人が日本を訪れる旅行であり、逆にアウトバウンド（Outbound）は、「内から外へ」を意味し、日本から海外へ出かける旅行です。

日本の浮世絵や富士山、侍や城、忍者や芸者、家電製品、寿司や天ぷらなどの独特な文化は、古くから外国人の憧れでもありました。

しかし、極東の島国ゆえに遠くて、旅費高のイメージもありました。

近年、アニメやコスプレといった輸出が増えるに従い、再び新しい日本文化が注目を集め、インバウンド需要につながっています。

長らくインバウンドがアウトバウンドを下回っていた傾向は、2013年の東京五輪開催決定の頃から飛躍的に伸び始め、2015年には45年ぶりにインバウンドがアウトバウンドを上回るようになっています。訪日外国人旅行者数は2005年に670万人でしたが2015年には1973万人を数え、コロナ禍が始まる2020年直前の2019年には、3188万人に達しました。これには1997年以降のデフレ経済や、2013年以降の円安も大いに寄与しているのです。

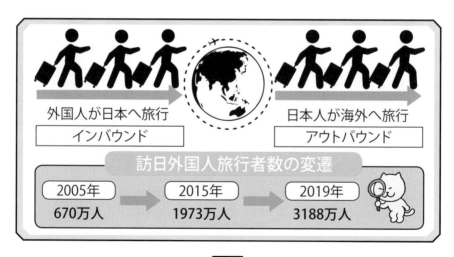

⑥次世代エネルギー（核融合発電）
——原子力発電に変わるエネルギー改革

21世紀後半の実用化に向け、次世代エネルギーとして期待されるのが「核融合発電」です。これまでの原子力発電は「核分裂時」に発生するエネルギーを利用して発電しますが、「核融合発電」は、「核融合時」に発生するエネルギーを利用し発電するしくみです。

原子力発電では、ウランやプルトニウムなどの原子を核分裂させてエネルギーに変換しますが、核融合発電は、水素やヘリウムなどの原子を核融合させて発生するエネルギーを利用します。太陽や星の光も「核融合反応」によるものです。

核融合発電のメリットは、ウランやプルトニウムなどの希少放射性物質を使わないことです。水素やヘリウムといった地球上に広く存在する物質を利用することができるので資源枯渇の心配もありません。また核融合は、核分裂による連鎖反応と違って、暴走して深刻な事故を発生させる可能性も少ないのです。すぐにストップできるので安全性も高いと言われますが、建設に莫大なコストがかかるのが難点であり、そのため国際協力で開発が進められています。

原子力発電

［ウランやプルトニウムなどの原子を核分裂させて発電］

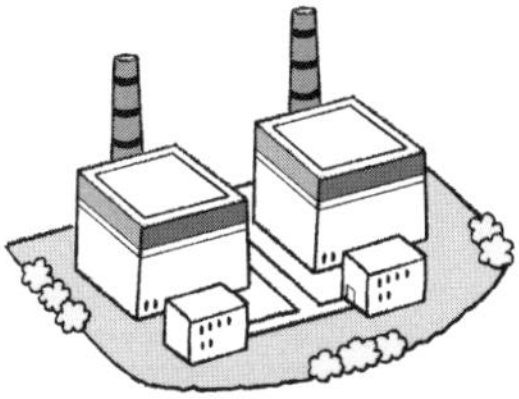

核融合発電

［水素やヘリウムなどの原子を核融合させて発電］

核融合発電のメリット

・希少放射性物質を使用しない
・深刻な事故を発生させる可能性が低い

核融合発電のデメリット

発電所の建設に莫大なコストがかかってしまう

⑦量子コンピューター
——超高速で演算処理ができるコンピューター

「量子コンピューター」は、量子力学的原理で超高速演算処理ができる次世代型のコンピューターです。これまでコンピューターの性能を引き上げてきたのは、半導体技術の進歩でした。半導体の回路を小型化し、回路の集積度をいかに増やすかが中心的課題で、開発メーカーはチップ上の論理ゲート数を増やすことで、高速化、高機能化、大容量化、省電力化、低価格化を図ろうとしてきました。

しかし、こうした集積率の向上にはいずれ物理的限界がきます。

またアルゴリズムの進化という面も、性能向上には大きく貢献してきました。「ディープラーニング+GPU（画像処理装置）」などの機械学習の登場でコンピューター性能は飛躍的に高まったからです。

ただし、コンピューターの根本的な動作原理は変わることはありませんでした。現在のコンピューターは電圧の高低で「0」と「1」による2ビットを表わし、ビットの演算処理で実行されています。

これを量子の働きを利用してもっと速く計算するのが、量子コンピューターであり、各国で研究開発が進められているのです。

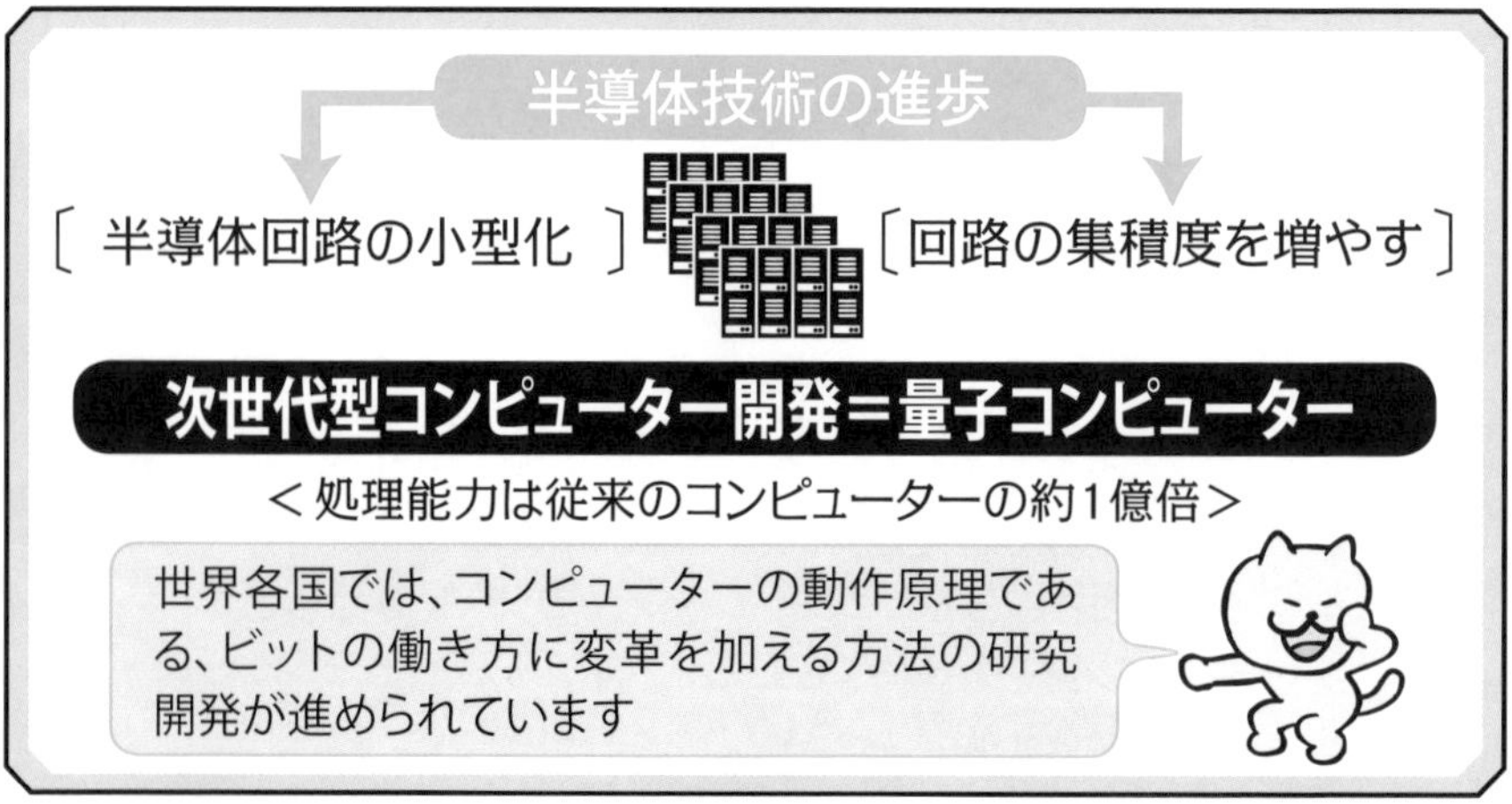
半導体技術の進歩
［ 半導体回路の小型化 ］
［回路の集積度を増やす］
次世代型コンピューター開発＝量子コンピューター
<処理能力は従来のコンピューターの約1億倍>
世界各国では、コンピューターの動作原理である、ビットの働き方に変革を加える方法の研究開発が進められています

⑧ICT（情報通信技術）
——ネットを始めとするITの活用方法

ICTは「Information and Communication Technology」の略で、日本語では「情報通信技術」と訳されます。

つまり、インターネットでの情報共有を実現するための技術の総称で、メールやチャット、SNSといったコミュニケーションツールに始まり、ECサイトといったWebサービスもICTに含まれます。

ITは「Information Technology」の略で、日本語ではただの「情報技術」と訳され、ICTも同義語のような扱いを受けますが、ITは「情報技術そのもの」、ICTは「情報技術の使い方」という点が異なります。つまり、ITはパソコンやスマホ、アプリやインターネットなど情報通信のために開発された技術であり、ICTはメールや通販サイトなどITの活用方法を指しています。ICTは、新たな商品やサービスの創造につながる技術であり、ひとつのICT商品・サービスから派生的に次々と新たな商品やサービスが生まれるため、市場の活性化にも効果的だと言えます。また、ビジネスだけでなく教育や医療、防災などの分野でも活用が大きく広がっているのです。

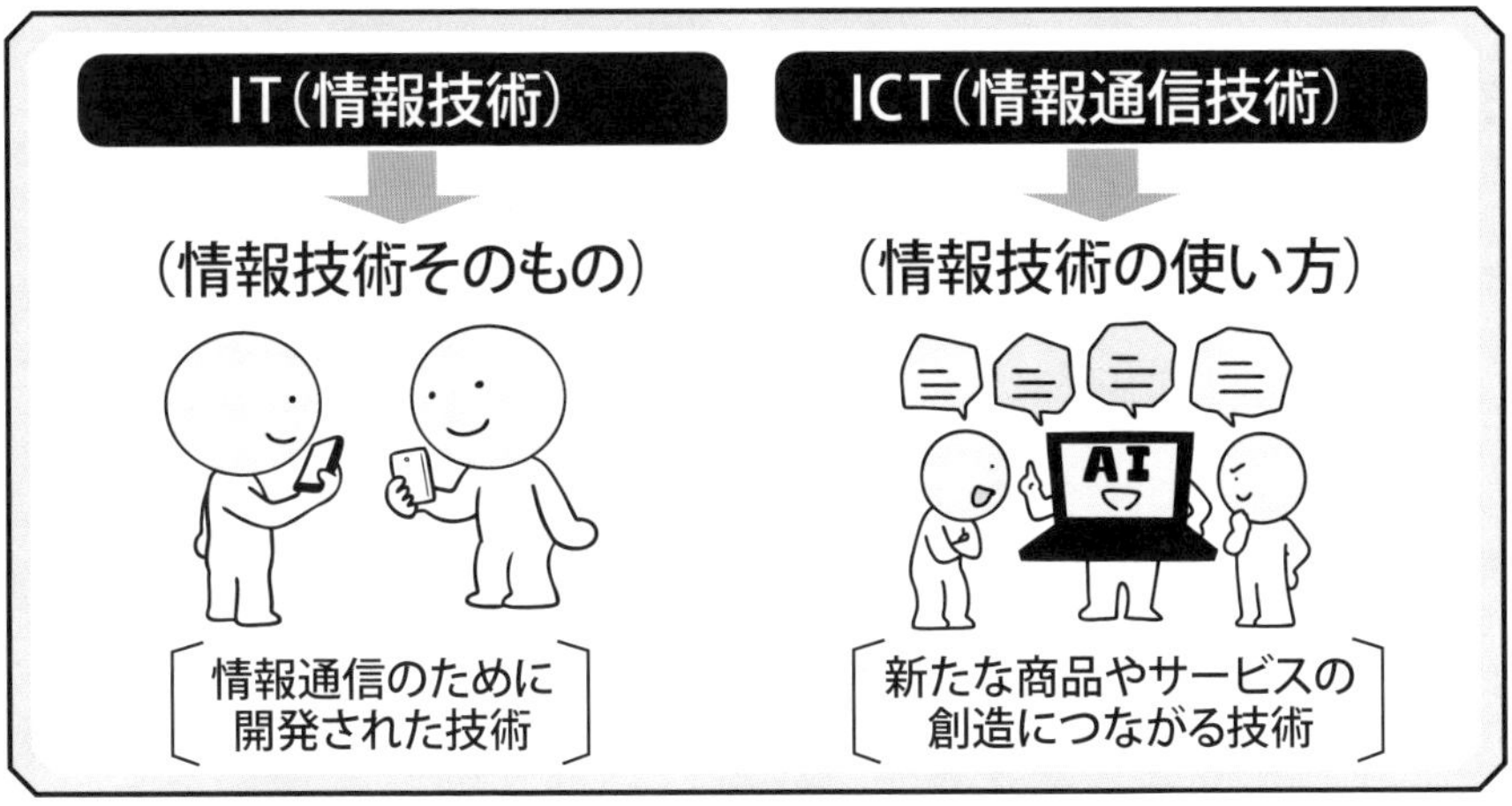

⑨ IoT(Internet of Things)
——モノ同士をネットで相互連携させる技術

「IoT」とは、「Internet of Things」の略で、直訳すると「モノのインターネット」という意味になります。すなわち、コンピューターという情報通信機器に限らず、あらゆるモノ（家電や自動車など）や環境空間（工場や病院などの監視カメラなど）に通信機能をもたせ、インターネットで相互連携させて自動認識や自動制御、遠隔操作などを可能にする技術のことです。

たとえば、日常の生活空間でも、IoTを活かした家電はすでに浸透しています。ロボット掃除機は、スマホの遠隔操作で掃除範囲を指示したり、スタート・ストップ・コースの変更まで行えます。

また、スマート冷蔵庫は庫内の食材リストを表示させて買い物リストを作ったり、ドアの開閉頻度のチェックで高齢者の見守りも可能です。庫内の冷蔵や冷凍の温度調節、給水タンクの状況までも把握できます。他にも洗濯機、エアコン、炊飯器、オーブンレンジ、バスタブなどにもIoTの搭載が進みます。なお、こうした使用状況のデータ蓄積も容易にできるのも、画期的な機能と言えるでしょう。

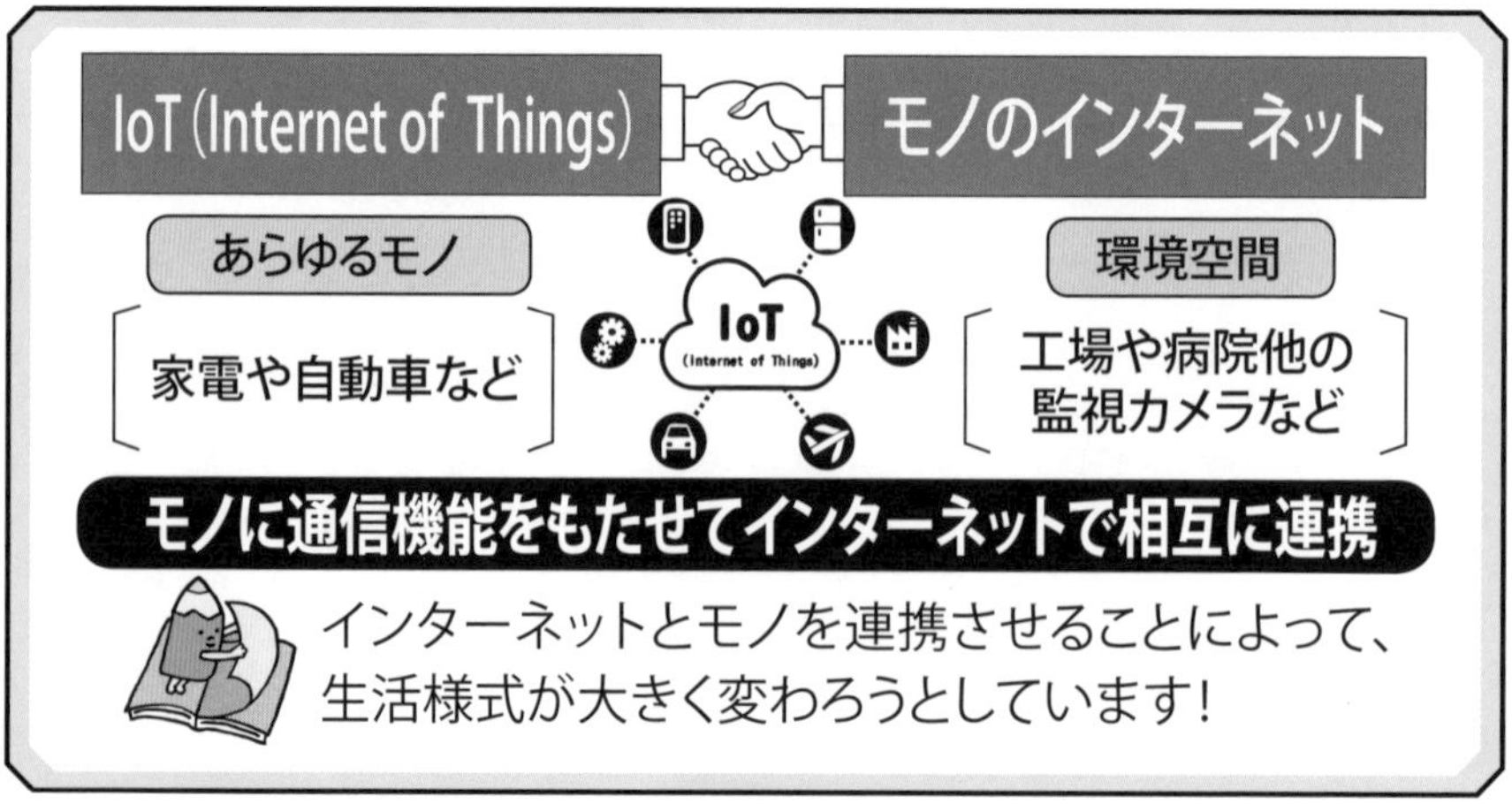

⑩クラファン（クラウドファンディング）——不特定多数の人たちからの募金活動

「クラファン」とは、クラウドファンディングの略で、ネットを介して不特定多数の人から「お金（資金）」を集めることを言います。

プロジェクトの発案者は、ネット上でプロジェクトの告知を行い、そのプロジェクトの成功のため、いくら資金が必要なのかを提示し、共感した人たちの応援投資によって資金を集める形になります。

クラファンには、大きく分けて「購入型」「寄付型」「投資型」の3類型があります。「購入型」では、資金提供者はプロジェクト成功後に見返りがあります。この見返りは金品ではなく、権利や物品です。目標資金が未達だったり、プロジェクト失敗の場合は投資金額が提供者に返金されますが、目標資金が集まらなくてもプロジェクトが続けられる場合は返金ナシの場合もあります。「寄付型」はプロジェクトの目的に公益的活動が多く、博物館や公共施設などが該当しますが、篤志《とくし》を募る形なので見返りはあまり期待できません。

なお、「投資型」はプロジェクト成功後に、発案者の得た利益から分配を受ける形のものですが、元本保証などは一切ありません。

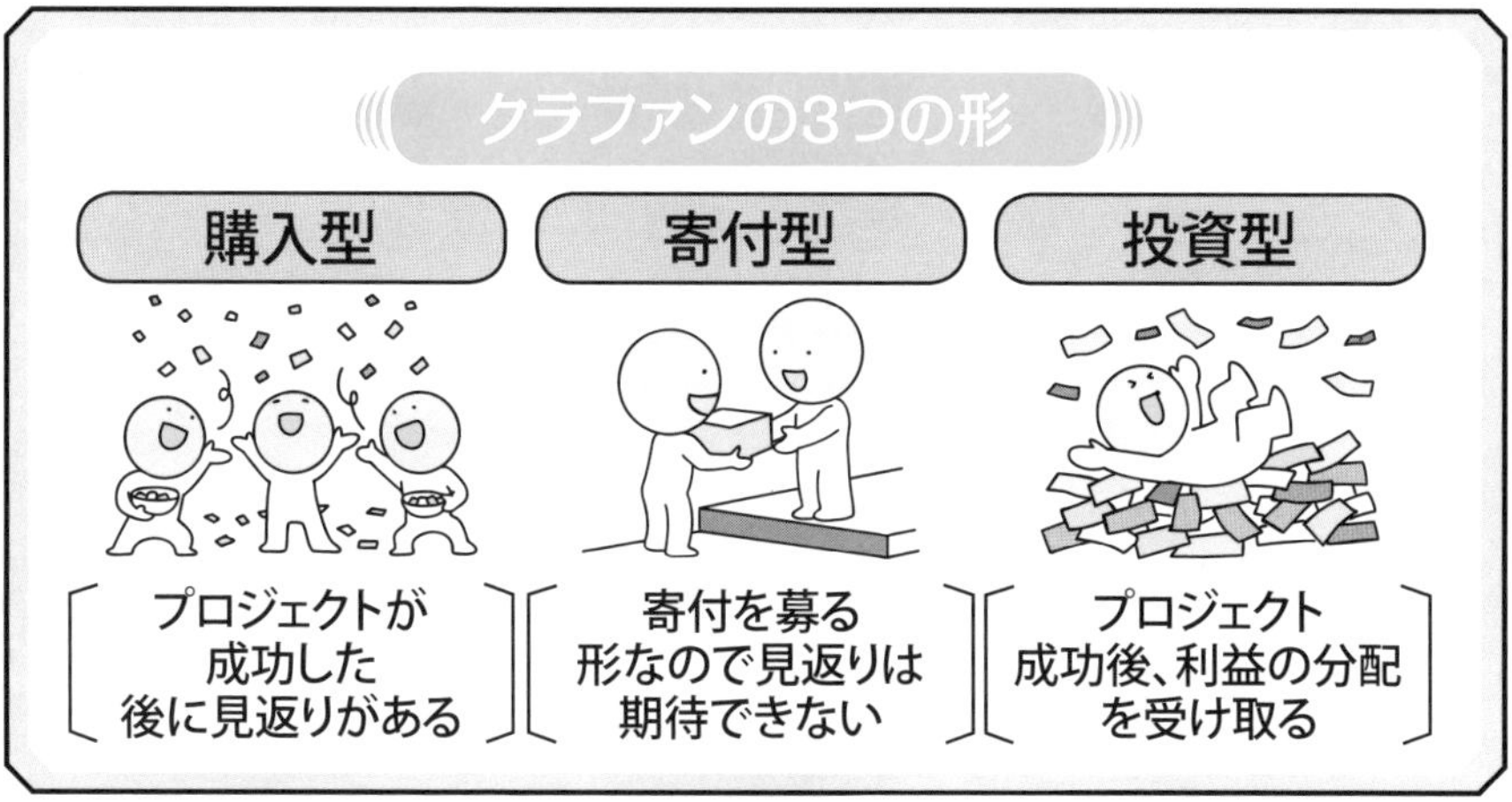
クラファンの3つの形
購入型
寄付型
投資型
プロジェクトが成功した後に見返りがある
寄付を募る形なので見返りは期待できない
プロジェクト成功後、利益の分配を受け取る

⑪ Web3（ウェブスリー）
——双方性から分散型のインターネット

Web3はブロックチェーン技術を応用したサービス群を指す言葉です。Web3は、技術面やビジネス面での革新性により、多くのWeb3プロジェクトが巨額の資金を集め注目されるようになっています。

ちなみにWeb3は「W eb3・0」とも呼ばれ、ネットの歴史的変遷を示す「Web1・0」や「Web2・0」に続く新しい次世代型Web概念となっています。現在のインターネット環境は、実はGoogleやAppleなどのGAFAと呼ばれる巨大IT企業が提供するプラットフォームに大きく依存しています。すなわちインターネット上のデータは、実は中央集権的に巨大企業の手によって管理・運用されているのです。

これに対しWeb3は、次世代の分散型インターネットのことを指しています。ブロックチェーンなどの技術を活用し、データを分散管理することにより、データはプラットフォーマーのサーバーを経由することなく、ユーザー自身の手で管理・運用できるわけです。

ちなみに、ブロックチェーンとは暗号技術のことで、過去からの取引などの記録を鎖のように連綿とつないだ履歴を表わすものです。

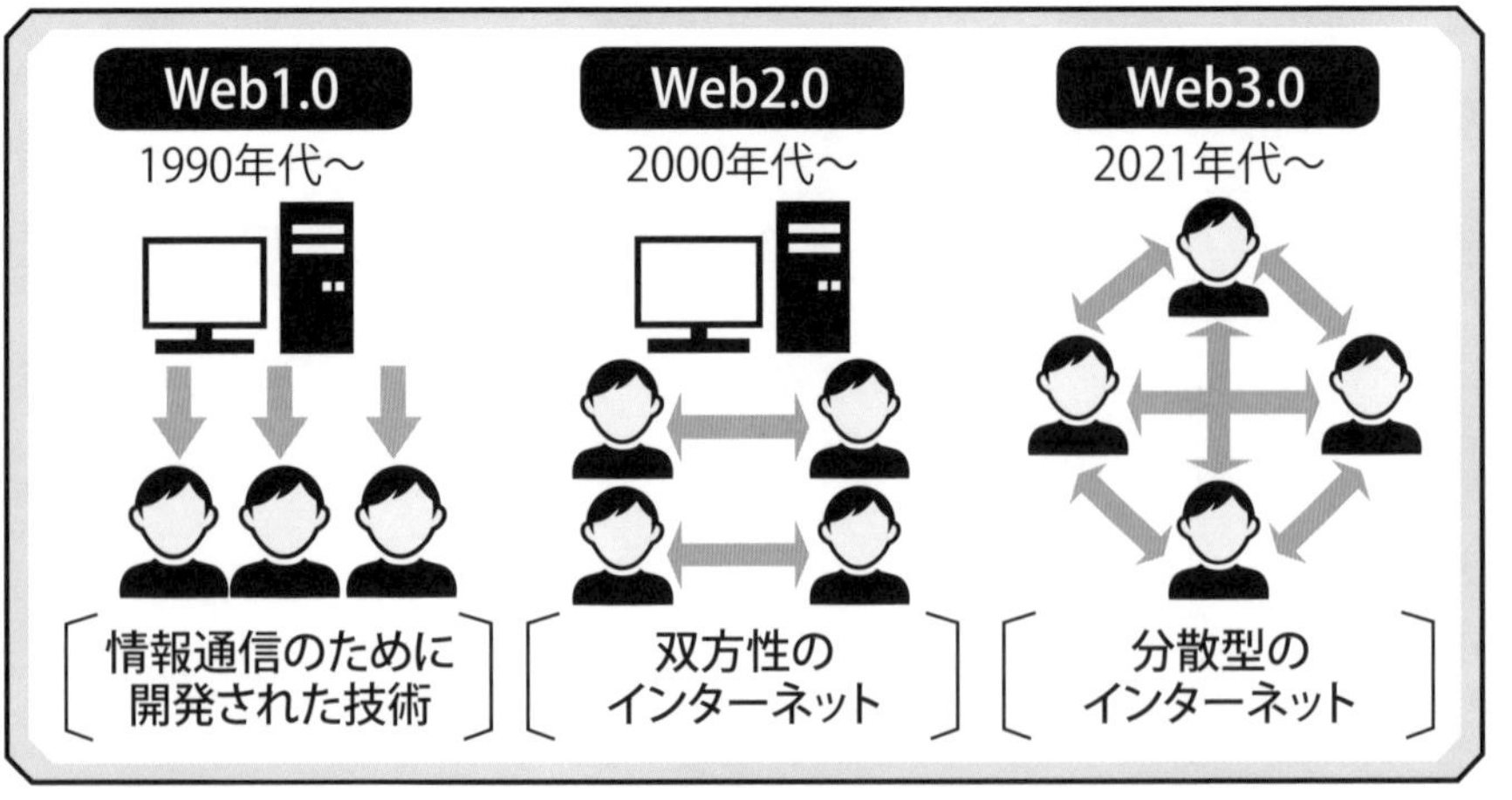

⑫サプライチェーン
――モノが顧客までに届くまでの流れを監視

サプライチェーンという概念の特徴的なところは、自社だけでなく、他業者をまたいでモノの流れを捉えるという点です。

たとえば自社がメーカーの場合は、部品メーカーや材料メーカーなどから製品の製造に使用する部品や原材料を仕入れて製造します。

販売においては、配送業者や卸売業者、そして小売業者が関係してきます。つまり、サプライチェーンとは自社の業務だけでなく、モノが製造されて販売されるまでのフロー全体を捉えるものなのです。

このサプライチェーンを管理し、製品の開発や製造、販売を最適化する手法をサプライチェーン・マネジメントと呼んでいます。

部品や材料のメーカー、卸売業者、販売店などを含めて在庫情報を共有し、生産や在庫の適正化を図ることなどで、商品の流れをコントロールすることが重要な役割になってきます。

このサプライチェーン・マネジメントに非常によく似た役割をする言葉に、「ロジスティクス（戦略的物流）」がありますが、このロジスティクスは、あくまでもサプライチェーンの中の一部分です。

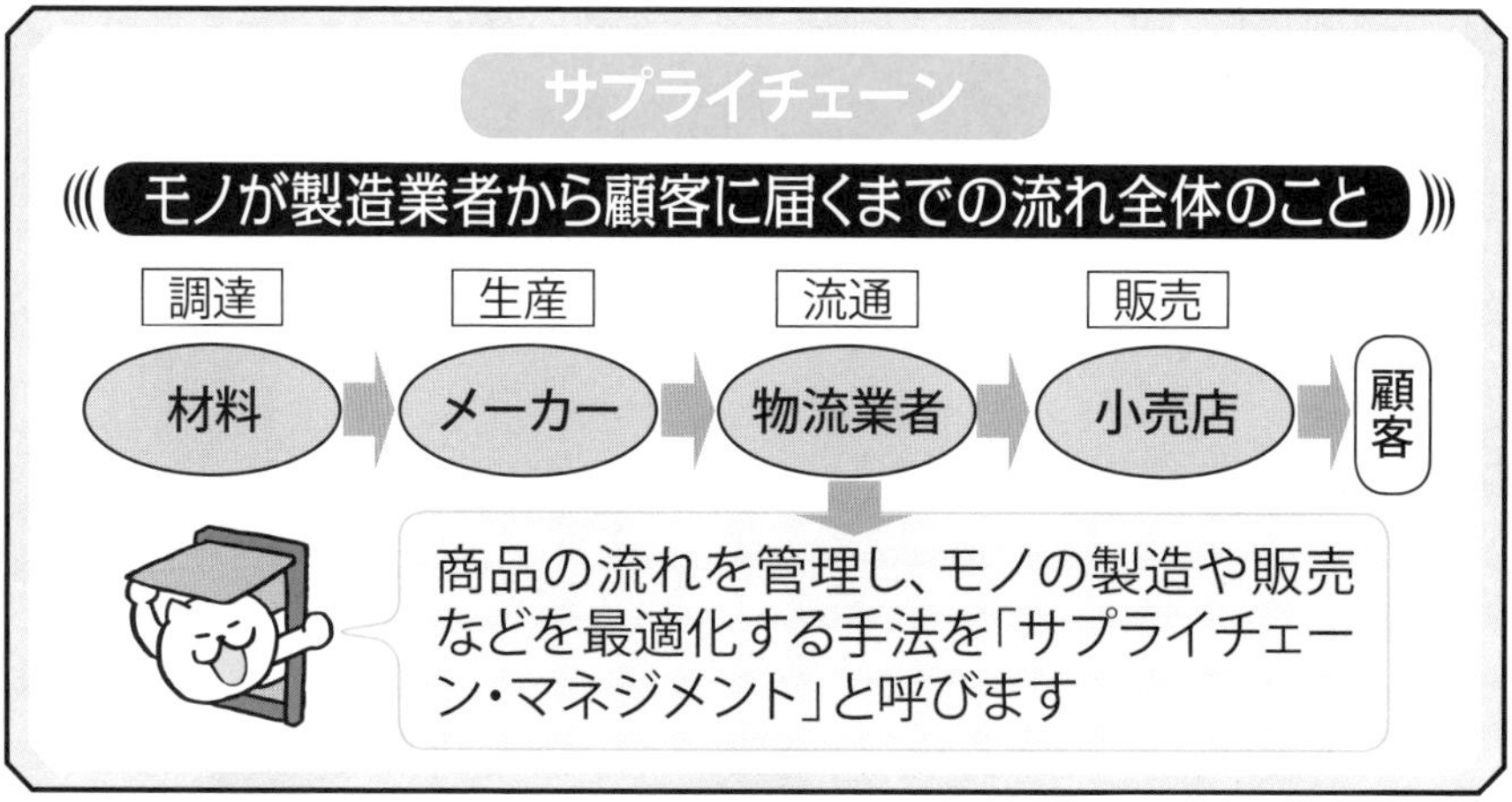
サプライチェーン
モノが製造業者から顧客に届くまでの流れ全体のこと
調達
生産
流通
販売
材料
メーカー
物流業者
小売店
顧客
商品の流れを管理し、モノの製造や販売などを最適化する手法を「サプライチェーン・マネジメント」と呼びます

もっと知りたい 経済とお金の話④

新NISAのメリットとデメリットとは？

2024年1月から「新NISA」が始まりました。本来、投資で得られた利益には、20・315%の税金がかかりますが、NISAでは非課税です。

新NISAへの移行を受けて、これまでの「一般NISA」と「つみたてNISA」は一本化され、代わりに新NISA内で「つみたて投資枠」と「成長投資枠」に分かれ併用が可能となります。

旧NISAでは、つみたてNISAは年間最大投資額40万円×最長20年間の投資で最大800万円、一般NISAは年間最大投資額120万円×最長5年間の投資で最大600万円が非課税保有限度額でした。

それが新NISAでの非課税保有限度額は1800万円（成長投資枠は1200万円まで）となり、投資期間の制限がなくなります。

また新NISAで保有する商品を売却した場合、その分の簿価金額（帳簿に記載された資産や負債の評価額）だけ翌年に非課税保有限度額が復活し、再利用することも可能です。

たとえば、新NISAで50万円購入した商品が2倍の100万円になった時に20万円を売却した場合、20万円のうち簿価金額は半分の10万円ですから、翌

新NISAの導入で投資に興味をもつ人が増えていますが、元本が保証されているわけではありません！

年に10万円枠が復活して再利用可能になるのです。

旧ＮＩＳＡよりも大きな金額を非課税かつ無期限に投資できるため、その分税制メリットも多く受けられるのです。

これまで以上に便利で使い勝手がよくなった新ＮＩＳＡですが、何を購入商品に選ぶかでは頭を悩まされることでしょう。たとえば、１００万円を年利３％で運用の場合、10年後は約１３４万円ですが、年利５％なら約１６３万円です。それが30年なら、約２４３万円と約４３２万円で大きな差となります。

複利の偉大な効果はアインシュタインいわく「人類最大の発明」なのです。

ＮＩＳＡは、金融機関によって扱える金融商品も異なりますから、スタートは慎重に見極めた上で、無理のない金額で行うようにすることが大事です。

	つみたて投資枠（併用可）	成長投資枠
年間投資額	120万円	240万円
非課税保有期間	無期限化	無期限化
非課税保有限度額（総枠）	1800万円 ※薄価残高方式で管理 （売却すれば枠の再利用が可能）	1800万円（つみたて投資枠と共通）のうち 1200万円
口座開設期間	恒久化	恒久化
投資対象商品	長期の積立・分散投資に適した一定の投資信託 （金融庁の基準を満たした投資信託に限定）	上場株式・投資信託等 （①整理・管理銘柄 ②信託期間20年未満毎月分配型の投資信託及びデリバティブ取引を用いた一定の投資信託等を除外）
対象年齢	18歳以上	18歳以上

（金融庁ウェブサイト・https://www.fsa.go.jp/より引用）

人々に影響を与えた経済学者④

オスカー・モルゲンシュテルン

（1902年～77年）

ゲーム理論を経済学に応用する研究。「囚人のジレンマ」は有名な事例

ナッシュ均衡を見い出すことがお互いの利益につながる！

オスカー・モルゲンシュテルンは、ドイツで生まれ、オーストリアで学び、米国で活躍した経済学者です。

米国プリンストン大学の教授になった際、大学併設の研究所の数学者で、ハンガリー出身のジョン・フォン・ノイマン教授と共同で「ゲーム理論」を経済学に応用する研究を行って１９４４年の『ゲームの理論と経済行動』の刊行に結実させました。ゲーム理論で有名な事例では「囚人のジレンマ」があります。

盗みを働いたとして、逮捕された２人の囚人（AとB）が、別々の部屋での取り調べで、「自白」か「黙秘」を迫られます。

この場合、４つの選択肢があります。

①両者黙秘の場合（A、Bとも懲役1年）

②両者自白の場合（A、Bとも懲役3年）

ゲーム理論と経済行動

［オスカー・モルゲンシュテルン、ジョン・フォン・ノイマン］→［ゲーム理論の研究］

↓

ゲーム理論の考え方を経済学に応用する

利益を確実に生むためには相手の戦略を探りつつ、ナッシュ均衡を見い出すことが大切なのです！

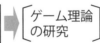

③A黙秘で、B自白の場合（A懲役5年、B懲役3カ月）

④A自白、B黙秘の場合（A懲役3カ月、B懲役5年）

2人にとって最善の選択は①です。しかし別室の相手も同様に黙秘するとは限りません。相手の状況が読めないため、Aは自分に都合のよい「自白」を選びます。同じようにBも「自白」を選ぶので、2人にとって最善となる「2人とも黙秘」が選択されないのがこの「囚人のジレンマ」の要点です。

お互いが不利益を生まず、その利益が保たれる状態を「パレート最適」と言い、右の例では「2人とも黙秘」が両者には理想的です。

しかし、個々の利得が最大となる最適な選択は「ナッシュ均衡」と言い、右の例では「2人とも自白」が「ナッシュ均衡」となります。

利益を確実に生むためには相手の戦略を探りつつナッシュ均衡を見い出すことが大切なのです。

【図A】

Ⓐ＼Ⓑ	黙秘	自白
黙秘	A：1年 B：1年	A：5年 B：3カ月
自白	A：3カ月 B：5年	A：3年 B：3年

お互いが黙秘することがお互いにとって最良の選択

Aから考えてみる

Bが黙秘したとすると「黙秘すると1年」「自白すると3カ月」となります
Bが自白した場合、Aが「黙秘すると5年」「自白すると3年」となります

Bから考えてみる

Aが黙秘したとすると「黙秘すると1年」「自白すると3カ月」となります
Aが自白した場合、Bが「黙秘すると5年」「自白すると3年」となります

自白したほうが得をする　　自白したほうが得をする

お互いの最良の選択ではないほうを選択してしまいます

この状態をナッシュ均衡と言います

Column
④

高収入でも年金額が増えないという話

現役時代に比較的高年収の会社員の誤解で多いのが、65歳から受給できる厚生年金支給額についてです。

会社員の年金は2階建てで、1階部分の「国民年金（基礎年金）」は定額払いで年数に応じて定額支給されますが、2階部分の「厚生年金」は報酬額に応じて支払い保険料も上がります（最高は32等級の標準報酬月額65万円、折半保険料は月額約6万円）。月給が65万円以上でも保険料は増えません。ゆえに現役時代に高年収でも年金は大して増えません。22歳で入社してずっと同じ年収で65歳退職の場合（43年間）の概算を見ましょう（基礎年金と厚生年金の合計）。年収250万円で約11・2万円、年収350万円で約12・9万円、年収450万円で約14・8万円、年収650万円で約17・8万円、年収750万円で約20・3万円、年収1000万円で約24・9万円です。年収2000万円でもほぼ最高の約29万円です。

ちなみに平均支給額は14・4万円です。ここから税金や社会保険料も引かれます。高年収の人は現役時の貯蓄と投資が大事なのです。超円安のハイパーインフレでは年金も壊滅するからです。

第4章

＜政策＞
経済のしくみと政策のカラクリ

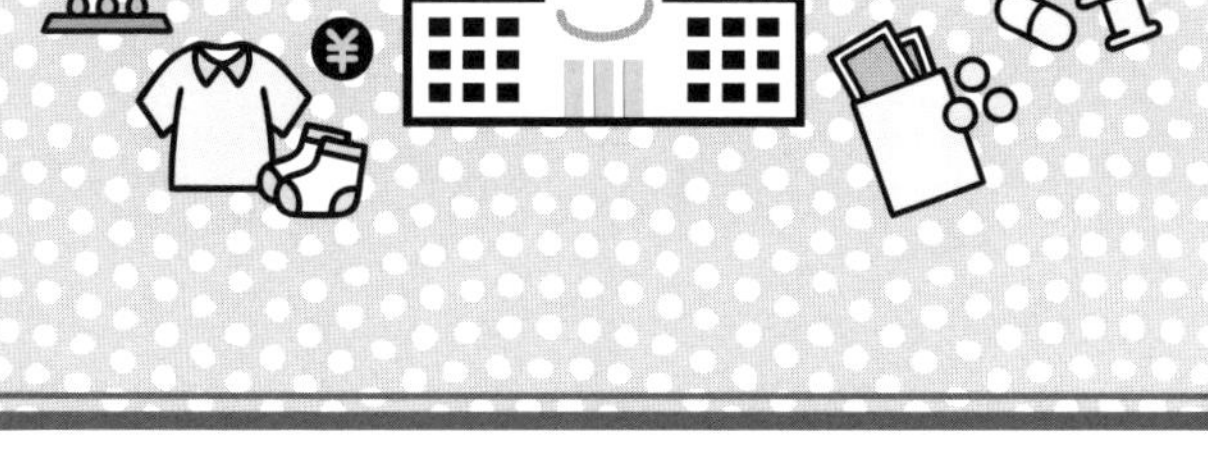

1 関税は経済にどのような影響を与えるか

関税とは、物品の輸出入に課せられる税金で輸入国が課す「輸入関税」が一般的です。ただし、石油やレアメタルなどの資源国が課す「輸出関税」もあります。非常に安い海外製品が、そのまま輸入されれば自国製品が売れなくなり、国内産業が育たなくなるため、国内産業を保護・育成するために「保護関税」を課すのが主流なのです。

もっとも、19世紀以前は国内保護を要しない品目や贅沢品に対し、財政収入だけを目的として課す「財政関税」もふつうにありました。

世界の潮流は「自由貿易主義」ですが、これは18世紀後半のイギリス産業革命期にアダム・スミスが『国富論』で、自由放任が経済発展をもたらすと説いたことやリカードの「比較優位の原則」が広く知られ、世界貿易の常識となったからでした。しかし１９２９年勃発の世界恐慌では各国とも輸出不振で通貨切下げ競争に陥り、かえって貿易量が激減、そのため資源や植民地を有する「もてる国」は域内は低関税、域外は高関税というブロック経済圏を形成します。ゆえに「もたざる国」は数千万人の失業者を生み社会不安を起こします。

これが**「もてる国」の英、仏、米と、「もたざる国」の独、伊、日の対立へと向かわせ、「もたざる国」は自給権を求め軍事侵略の道を選ぶのです。**

こうした第二次大戦に至った教訓下、排他的ブロック経済や保護主義を防止し自由貿易を推進すべく１９４７年に「ＧＡＴＴ（関税貿易一般協定）」が生まれ、１９９５年の「ＷＴＯ（世界貿易機関）」設立となります。ちなみに日本はコメ輸入を高関税で阻止するも（最低輸入義務のＭＡ米のみ）、他の農産品は犠牲的な低関税とし、車や電子部品輸出時の相手国の関税を低くしてもらっています。

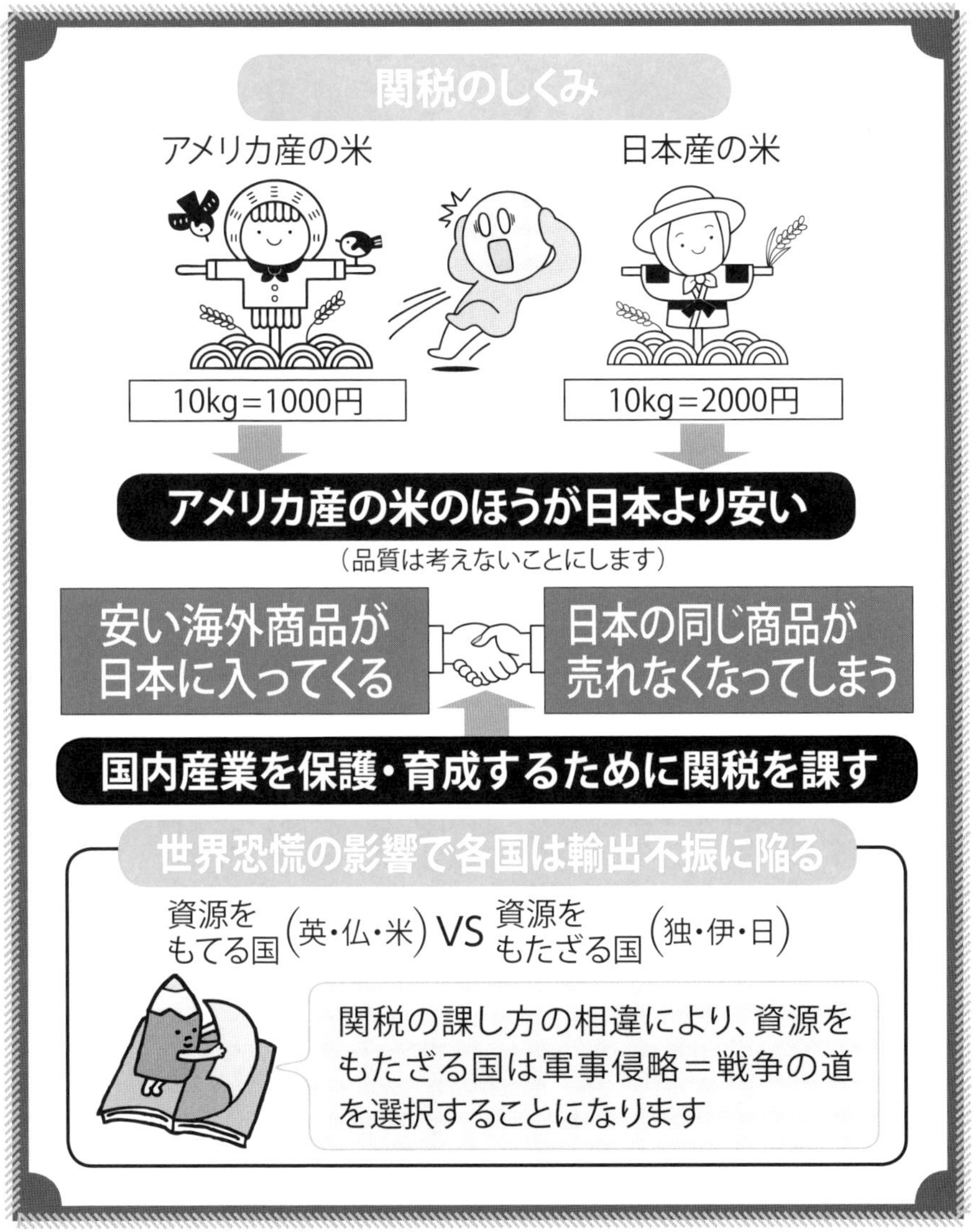
関税のしくみ
アメリカ産の米
日本産の米
10kg＝1000円
10kg＝2000円
アメリカ産の米のほうが日本より安い
（品質は考えないことにします）
安い海外商品が日本に入ってくる
日本の同じ商品が売れなくなってしまう
国内産業を保護・育成するために関税を課す
世界恐慌の影響で各国は輸出不振に陥る
資源をもてる国（英・仏・米）VS 資源をもたざる国（独・伊・日）
関税の課し方の相違により、資源をもたざる国は軍事侵略＝戦争の道を選択することになります

経済とお金の豆知識

トランプ前大統領は中国からの輸入品に高関税を課し輸入を減少させるも、米国消費者の負担増はわずかでした。中国の代わりにメキシコ、インド、ベトナムなどの輸入増で価格安定に寄与したからです。

２ 国債累積による日本の借金の現状とは？

財務省の発表によれば、２０２３年3月末時点で政府の借金は１２７０兆円となり、ＧＤＰ（約５５０兆円）の２３１％に及びます。すでに敗戦直後の日本の債務残高のＧＤＰ推定値の２００％をゆうに超えました。この１２７０兆円の借金内訳は国債が１１３６兆円、短期の借入で発行する政府短期証券が85兆円、借入金が50兆円です。22年3月末と比べても、たった1年で29兆円も増えました。

医療や介護、年金などの社会保障費が膨らんだ上に、新型コロナや物価高対策で、巨額の補正予算や予備費が大盤振る舞いされたからです。

政府の財政規律が緩みっ放しの上、コロナのバラ撒きでここまで膨らませたと言ってよいのです。

なにしろ、「このまま借金が増え続けても、日本国債は自国通貨建ての円で発行しているから、お札を刷って返せばよい」などと、財務大臣経験者が放言するぐらいの国です。米国で流行ったＭＭＴ（現代貨幣理論）を地で行く始末なのです。

また、日本の家計金融資産は２０５６兆円（23年3月末）あり、対外純資産も４１８兆円（22年12月末）もある世界最大の債権国だから何の心配もいらないという見立てや、政府の貸借対照表で資産を引けば、国債の債務残高は半分になり、大騒ぎするほどの借金額ではないと訳知り顔で解説する人もいます。しかし、借金額が資産額を大幅に超える日本政府の貸借対照表は、明白な「債務超過」で安穏できる状況ではないはずです。

日本では敗戦後の占領下、新円切替で預金封鎖を行い、金融資産課税で国民の財産を奪い、結局インフレで国債の価値を二束三文にした過去があり、再びこの手を使いかねない状況なのです。

政府の借金

約1270兆円

日本のGDP

約550兆円

政府の借金は日本のGDPの約2倍以上231%に及びます

政府の借金の内訳

国債	政府短期証券	借入金
［1136兆円］	［85兆円］	［50兆円］

自国通貨の円建てで国債を発行しているので、紙幣を刷れば大丈夫だと財務大臣経験者が放言する始末!

MMT（現代貨幣理論）

［インフレになるまで自国通貨建ての国債発行ならOK!］

国債の発行　公共事業　雇用の拡大

経済とお金の豆知識

膨大な国の債務をどうやって返済するかは、「増税」か「インフレーション」の2つしかありません。しかし、世界史を見渡すと政治家は「増税」を避けるため、「インフレ」で帳消しにしてきました。

3 消費税が上がり続ける理由とは？

消費税が導入されたのは、1989年4月で、当初はまだ3％でした（うち1％は地方消費税）。国民に反対される法律は、まず小さく生みます。

その後、バブル崩壊の後遺症で金融危機に至る97年4月からは、5％に税率をアップし、日本を恒常的なデフレ経済に落とし込みます。

そして安倍政権になり、アベノミクスで景気浮揚を唱えながら、2014年4月からは8％（同1・7％）にアップし、2度の延期ののち、ついに2019年10月からは10％（同2・2％）に引き上げました。消費に罰金を課すような税で、GDPの6割を占める個人消費を委縮させました。

消費税は、別名付加価値税とも呼ばれ、所得税のように稼ぐほど税率が上がる累進課税構造ではありません。そのため所得の低い人にとっては負担の比率が重く、逆進性のある不公平な税です。

年間消費額100万円なら税負担は10万円で、年収200万円の人にとって5％の負担でも、年収1000万円の人には、たったの1％負担です。

左頁の表を見ると一目瞭然ですが、消費税率を上げることで所得税率や法人税率を下げてきたのが実態でした。税収総額は、消費税率8％を導入してから増加しはじめ、10％でようやく以前の60兆円レベルを超えていくのです。政府の社会保障充実のためという口実も大嘘で、消費税は「復興特別所得税」のような目的税ではないからです。

輸出大企業には消費税還付金を毎年6兆円も得させています（下請けには不払い）。付加価値税率の高い北欧諸国では、医療費や大学の授業料が無料など、目に見える形での社会保障が手厚く、国民の納得度も高い税制です。**日本では富裕層や大企業を優遇するための消費税導入だったのです。**

日本の税収の推移

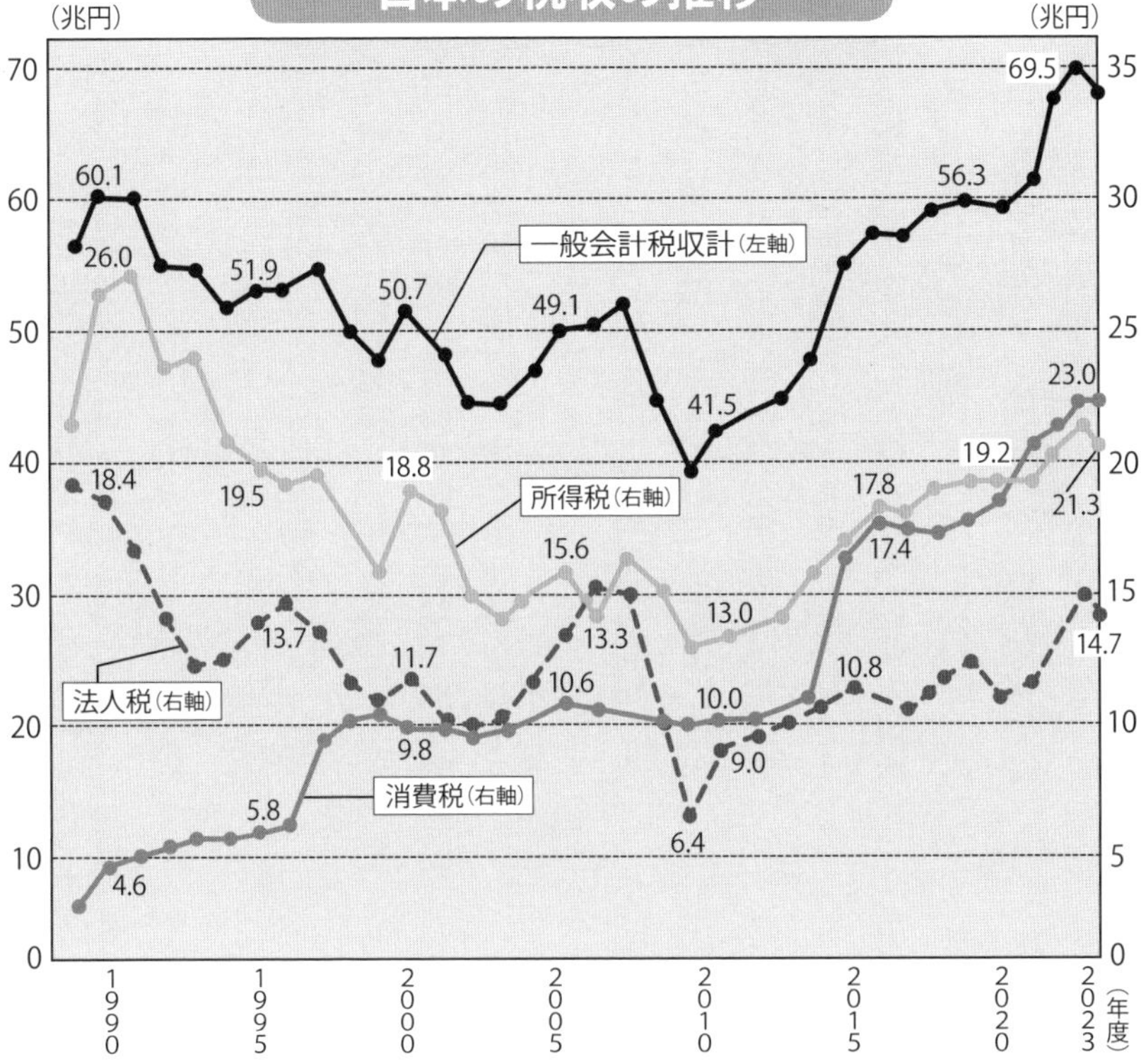

(財務省の資料より・『眠れないほど面白い 経済とお金の話』より引用)

2022年度・税収の内訳

一般会計税収計	所得税	法人税	消費税
71兆1373億円	22兆5217億円	14兆9398億円	23兆793億円

経済とお金の豆知識

消費税率アップは、財務省が主導しているという「財務省悪玉論」がありますが、黒幕は大企業組織の「経団連」です。財務省は、ひたすらその尻馬に乗って「財政健全化」を唱える公務員にすぎません。

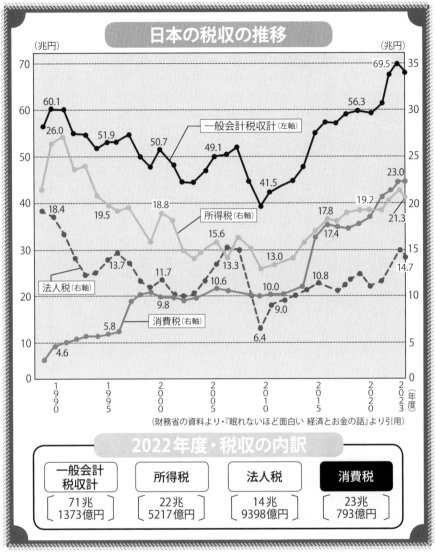

4 会社員が税金を徴収され放題になっている現状

「964（クロヨン）」とか「10531（トーゴーサンピン）」という語呂合わせをご存知でしょうか。これは、業種間の税の捕捉率を表わし、サラリーマンなどの給与所得者は所得の9割〜10割、自営業者は6割〜5割、農林水産業者などは4割〜3割しか税務当局が把握できていないたとえです。

後者の1（ピン）というのは政治家の場合です。賃金を支払う企業は、源泉徴収で従業員に代わり税を納めます。他の業種は自己申告の確定申告で納めるので、こんな税負担の不公平が生じます。

所得税は累進課税ゆえに、稼ぎが多いほど税率も増えます。たとえば所得がガラス張りのサラリーマンは、年収400万円なら各種控除後の課税所得額は170万円前後ゆえに税率5%で、所得税は8万5千円（住民税17万4千円弱）です。各種社会保険料の62万円を差し引くと手取りは312万円程度になります（手取り割合78%）。

しかし年収1千万円の場合は、課税所得が632万円になり、所得税率20%で所得税だけでも約84万円で、住民税や各種社保支払い後の手取りは723万円程度です（手取り割合72%）。

年収2千万円の場合は、課税所得が1589万円になり所得税率33%で所得税だけで約377万円となり、住民税や各種社保支払い後の手取りはたった1292万円程度です（手取り割合65%）。

自営業者の場合は、すべてが自己申告で、いろいろ経費を積み上げて課税所得を低くし、税金も社保支払いの負担も軽くできます。サラリーマンには給与所得控除がありますが、そんなものは目じゃありません。中小企業の約7割弱は赤字で法人税も払わず、経営者の給与も圧縮しています。

年収400万円の税の内訳

課税所得額（400万円－各種控除）

170万円

所得税	住民税	社会保険料
8万5000円	17万4000円	62万円

手取り額は312万円程度になってしまいます

年収1000万円の場合 → ［手取り額＝約723万円］

年収2000万円の場合 → ［手取り額＝約1292万円］

累進課税制度 ⇔ **収入が上がると税率アップ**

サラリーマンの所得はガラス張りで節税など不可能

サラリーマンは年収1000万円では28%、年収2000万円にも35%程度が税金や社保料で徴収されている計算になります

経済とお金の豆知識

中小企業は税金面で一見有利でも、輸出が主力の大企業の旨味はさらに大です。輸出還付税で払ってもいない仕入れ消費税がもらえ、各種減税特典で法人実効税率30・62%を払う大企業は皆無だからです。

5 戦争はどうして金儲けにつながっているのか？

世界史上、紛争が絶えたことはありません。資源や領土、宗教や人種を巡る対立ばかりです。紛争の背後に控える大国の思惑もあり、兵士の装備・武器の消耗が支援国の軍需産業を潤します。

今や米国の軍事産業は公共事業の趣さえありません。米国と同盟下にあり、日本中に基地を配し、日本の航空管制が及ばない1都9県に及ぶ、広大な「横田空域」までを許容している能天気な独立国ニッポンは米国にとっても奇特な存在です。まさしく米国の51番目の州と言われるゆえんなのです。

旧安倍政権は2014年創設の国家安全保障会議（NSC）で、従来の「武器輸出3原則」の規制を取り払い、米国との間で共同で武器開発や輸出に乗り出せるしくみを構築しています。武器の高度化で莫大な費用を一国で負担するのが重荷なので軍需産業を米日ともに潤わすためなのです。

2022年の世界の軍事費を比べると（カッコ内GDP比）、1位米国8800億ドル（3・5％）、2位中国2900億ドル（推定1・6％）、3位ロシア860億ドル（推定4・1％）、4位インド810億ドル（2・4％）となり、以下はサウジ、英国、ドイツ、仏、韓国、日本（10位）の順となり、日本は460億ドル（1・1％）です。

自民党の歴代政権は、米国の要請にNOと言えませんから、旧安倍政権で「集団的自衛権」の行使容認で米軍と共同軍事行動する方向に舵を切り、岸田政権では防衛費を5年でGDP比2％にすると決めたので、米国の武器を爆買いさせられます。**日本の軍事費は5年後世界3位の見込みです。**

現在日本の軍事費は、韓国よりも下位ですが、これは分母のGDPが伸び悩み、円安のせいで米ドルベース換算での金額が縮小したからです。

2022年・世界各国の軍事費トップ10

	国名	軍事費の金額
1位	米国	約8800億ドル（約123兆円）
2位	中国	約2900億ドル（約40兆6000億円）
3位	ロシア	約860億ドル（約12兆億円）
4位	インド	約810億ドル（約11兆円）
5位	サウジ	約750億ドル（約10兆5000億円）
6位	イギリス	約680億ドル（約9兆5000億円）
7位	ドイツ	約550億ドル（約7兆7000億円）
8位	フランス	約530億ドル（約7兆4000億円）
9位	韓国	約463億ドル（約6兆5000億円）
10位	日本	約460億ドル（約6兆4400億円）

※1ドル＝140円で換算

日本の軍事費は年を追うごとに増えるいっぽうです

現在は世界ランク10位の日本の軍事費ですが、5年後に予算は膨らみ、世界3位になる見込みです！

資源 → 領土 → 宗教 → 人種

国同士の紛争がなくなる時はない

紛争の裏には武器の提供などで、米国をはじめとする大国の軍事産業が潤うという構造になっています

経済とお金の豆知識

内閣も国会も超越した、米国軍部と一部日本側官僚で構成の「日米合同委員会」が日本の外交・軍事方針をすべて決めます。旧安倍内閣の集団的自衛権行使容認も岸田内閣の安保3文書もしかりなのです。

6 日本人の賃金が下がり続けているのは？

日本人の賃金が、諸外国と比べ30年も上がっていないことが報じられるようになると自民党の旧安倍政権や岸田政権では、賃上げへの労組の恒例行事「春闘」に向けて支援ポーズを見せました。凋落《ちょうらく》一途の労組のナショナルセンター「連合」には、いい面の皮でしたが、政府による「賃上げ」音頭取りゆえに、「官製春闘」と揶揄《やゆ》されました。

しかし、日本人の賃金が上がらないよう画策してきたのは、当の与党である自民党だったのです。

毎年50数億円の政治献金を「経団連」の差配によって大企業からもらい、その千倍以上のキックバックの優遇措置を大企業だけにもたらしてきました。献金のない中小企業は蚊帳の外です。

「賃下げ政策」の初陣は自民党・中曽根政権が1986年に施行した「労働者派遣法」でした。戦後禁止されてきた「中間搾取（賃金の横取り）」を合法化し、クビが容易な「有期雇用」と福利厚生をカットする「間接雇用」を常態化させました。

一つの会社に「正規」と「非正規」の階級差別を導入、「有期雇用」なら「正規」より高い賃金を払うべきですが、違法だらけの派遣会社に3～4割もピンハネさせるしくみです。次いで89年には自民党・竹下政権が消費税を導入。消費者の可処分所得（自由に使えるお金）を減らしました。

そして93年導入の「外国人技能実習制度」は自民党・宮沢政権でした。途上国から低賃金労働者を迎え、どんな仕事でも3年間奴隷労働を強いて、転職の自由がない憲法違反の制度でした。毎年1万人近い失踪者を生み、犯罪に追い込む劣悪制度なのです。このように日本人の賃金水準を下押しする悪徳政策を広げてきたのは、自民党です。

今さら口先で「賃上げ」とは笑止千万でしょう。

これが世界の平均年収！（購買力平価換算）

（米ドル）

国　名	平均年収	国　名	平均年収
アイスランド	79,473	フィンランド	51,836
ルクセンブルク	78,310	ニュージーランド	50,722
アメリカ	77,463	スウェーデン	50,407
スイス	72,993	韓国	48,922
ベルギー	64,848	スロベニア	47,204
デンマーク	64,127	イタリア	44,893
オーストリア	63,802	イスラエル	44,156
オランダ	63,225	リトアニア	43,875
オーストラリア	59,408	スペイン	42,859
カナダ	59,050	**日本**	**41,509**
ドイツ	58,940	ポーランド	36,897
イギリス	53,985	エストニア	34,705
ノルウェー	53,756	ラトビア	34,136
フランス	52,764	チェコ	33,476
アイルランド	52,243	ポルトガル	31,922

（2022年ＯＥＣＤ調査より抜粋）

まともな政策を打ち出せないため
日本人の賃金は約30年もの間上がらず
世界的にみても下位にランクされています！

経済とお金の豆知識

自民党国会議員の４割は封建領主気取りの世襲です。自分の力で人生を切り開いた社会経験もなく「3バン（地盤・看板・鞄）」を頼りに有権者の投票で成り上がれます。経団連と米国の言いなりになるゆえんです。

7

生活保護受給者が増え続ける日本の未来

前項でふれた通り、与党自民党の「賃下げ政策」で、日本人の賃金には「下押し圧力」がつきまとうようになりました。これはバブル崩壊後のデフレ下に置かれた大企業が、人件費に異常な警戒心を抱くようになったのと軌《き》を一《いつ》にしています。

そして、**労組の集合体で総本山の「連合」が、「賃上げ」よりも「雇用の維持」に熱を上げ、非正規雇用そっちのけで組織力を落としてきたことも大いに関係があります。**何の役にも立たない労組を離れる労働者は激増し、今や2万3046組合で組合員は999万人、組織率はたったの16・5%で過去最低です（厚労省2022年調べ）。

高度成長期には3人に1人以上が組合員でしたが、今や6人に1人組合員がいれば御の字です。高給を蝕《むしば》む幹部組合員が「労働貴族」と化し、「連合」本部の幹部は自民党にすり寄るご時世です。

経団連の命令で賃金引き下げに躍起となってきた政府・自民党と連立の公明党ですが、労働者の賃金を押し下げ、消費税を上げるばかりだと景気は上向きません。アベノミクス大失敗で身動き取れなくなった日銀は、その後遺症での過度な「円安」に襲われ、庶民を物価高で苦しめています。

一方、輸出主体の大企業は、円安効果で軒並み史上空前の好決算。**おかげで22年度末に資本金10億円以上の大企業の内部留保額は555兆円で過去最高でした。**しかし低賃金だった労働者は、65歳以上高齢者になっても年金が不足し生活保護に頼るしかなくなります。現在生保受給者は202万人（半数が高齢者で外国人は5万人）ですが、この人数は敗戦直後の困窮時と同レベルです。総支給額は約4兆円ですが、高齢者医療扶助の爆上がりで先行き増加の見通しは、まったく不透明です。

大企業
人件費に警戒心
与党・自民党
賃下げ政策
組合の総本山である「連合」は賃上げよりも雇用の維持に重点を置くことにより、組織は弱体化していきました
全国で2万3046組合
組合員
999万人
組織率
16.5%
高度成長期には3人に1人が組合員だったのが、現在では6人に1人いればいいくらいに組織力は弱くなっています
アベノミクス大失敗
円安
物価高
［庶民の暮らしを苦しめる結果となる］
生活保護受給者
敗戦直後の困窮時

経済とお金の豆知識

生活保護は「生活・住宅・教育・医療・介護・出産・生業・葬祭」の8つの扶助があります。東京都の場合で「生活・住宅」扶助の単身者約13万円、夫婦で約18万7500円です（受給上限額）。

8 マイナンバー制度の実情と本当の狙い

政府が躍起になり「マイナンバーカード」普及を急ぐのはなぜでしょう。取得は任意だったはずが、2022年10月に河野太郎デジタル大臣は、24年秋に「健康保険証」を廃止しマイナカードと一体化させると表明し、事実上の強制に踏み切りました。この性急すぎる怪しさが気になります。

おまけに、カード取得者に最大2万円分のポイントを付与するマイナポイント事業には、総額2兆円をつぎ込む予算を組むなど狂気の沙汰です。

このマイナンバー制度は、2013年5月に安倍政権が「マイナンバー法」を成立させて始まります。15年から個人番号通知カードを配り、16年1月から税金（所得税・住民税）、社会保障（年金・健保・雇用）、災害（被災者台帳作成）の3分野に限り「紐付け」しての運用開始でした。自治体に個人番号の申請を行うと身分証代わりの写真入り個人番号カードを交付されます。

この制度は、かつて何度も頓挫《とんざ》した「国民総背番号制度」の導入でした。「マイナンバー」などとソフトな名称ですが、「国民監視制度」のスタートという天下の悪法に他なりません。当時安倍政権は、他の先進国でも共通番号制度が導入されているような印象操作で、国会で大嘘をつきました。

米国では税と社会保障のみに限定した上での選択制でしたが情報漏洩や成りすまし犯罪を急増させ、英国では06年に任意加入でIDカード制を始めたものの政権交代でプライバシー侵害の悪法として廃止されました。ドイツやイタリアは税務識別のみの共通番号です。**日本のように預金などとリンクさせよう（閣議決定済み）とするのは、近い将来の日本の財政破綻に備えるためと言えるでしょう。つまり国民財産没収のための計略です。**

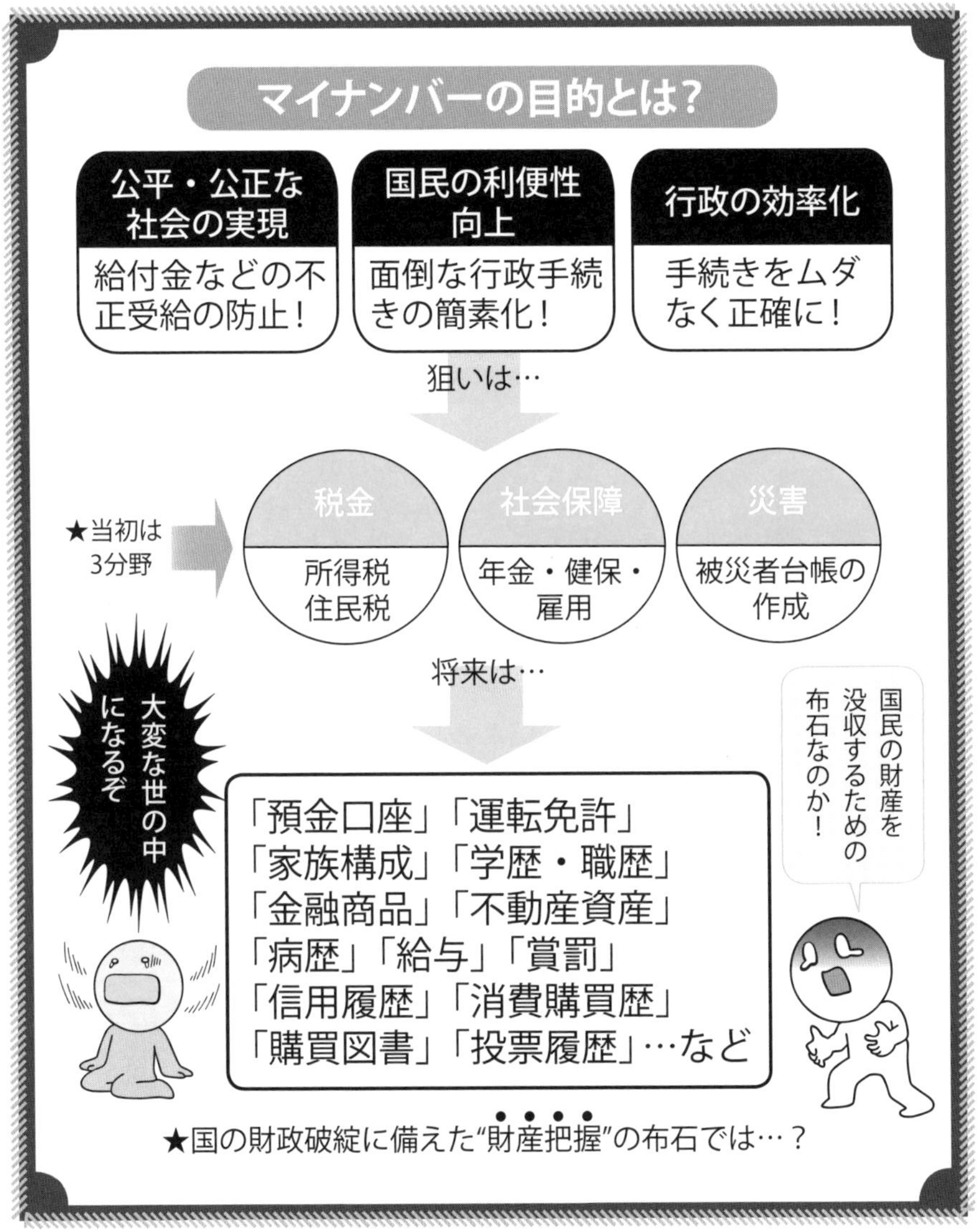

経済とお金の豆知識

敗戦直後の新円切替を名目とした「預金封鎖」とハイパーインフレで戦時国債の大借金はチャラになりました。同時に行った財産調査で預金以外の金融商品、不動産も炙り出し、財産課税を実行しています。

もっと知りたい経済とお金の話⑤

「宗教法人」が優遇されている法人税

2022年の「令和4年版 宗教年鑑」によれば、日本にある宗教法人の数は、神道系、仏教系、諸教、キリスト教系の合計で単位法人が7221団体、包括法人が394団体で、公称信者数は約1億8千万人で人口を上回ります。

これらは公益法人で営利を目的とせず公益に資することを条件に、活動範囲に応じ都道府県知事や所轄大臣の認証を得て法人格を有します。こうした宗教団体の収入はピンキリです。

信者が多ければ寄付も多く集まり、廃社寸前のところは貧窮しています。ともあれ、宗教活動で得た収入には基本的に税金がかかりません。不動産を購入しても宗教施設（墓地に供する土地も含む）なら、不動産取得税も登録免許税も固定資産税も払わなくてよいのです。また宗教法人が経営する保育園や幼稚園に供する土地でさえ無税になるなど、ものすごく優遇されているのです。おまけに幼稚園の入園料、保育料、施設設備費までもが無税です。学校法人とは大きな違いがあるのです。

墓地の販売や、戒名料、祈祷や読経といった活動、お守りやお札、おみくじの販売活動で得た収入も、宗教活動とみなされるので無税となります。さらに

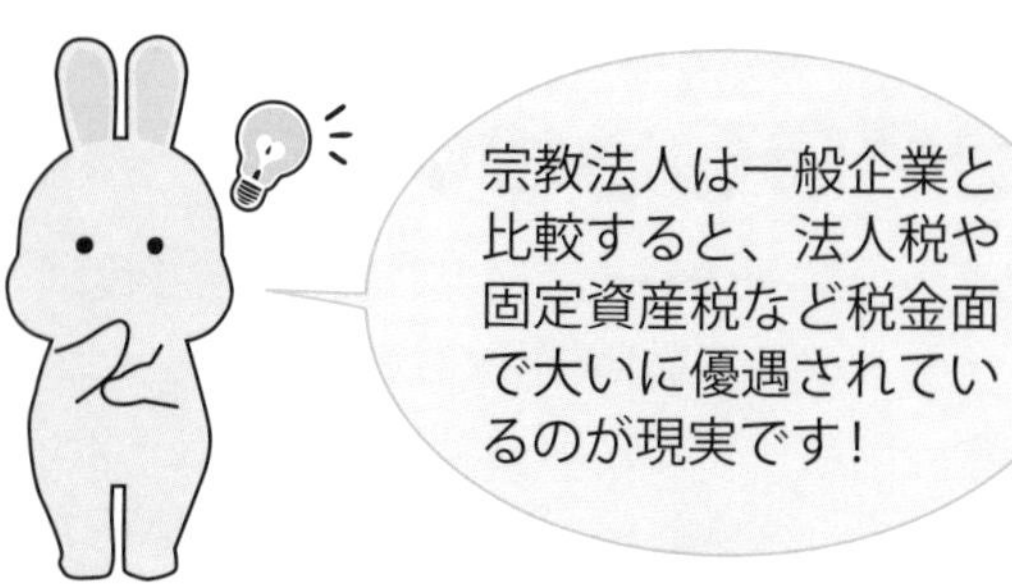
宗教法人は一般企業と比較すると、法人税や固定資産税など税金面で大いに優遇されているのが現実です！

営利事業を行っていなければ、8千万円までは無申告も認められています。

もちろん、宗教法人が営利事業を行って得た利益には課税されます。

ただし、これも優遇された法人税です。法人税率は一般企業では23・2%ですが、宗教法人は19%に軽減されています。そのうえ、どういうわけか、所得の80%にしか課税されないのです。ゆえに実質税率は15・2%になります。

宗教法人の新規立ち上げは厳しくなっており、脱税を狙いたい悪徳企業は数千万円単位の金額で宗教法人を買収します。

宗教法人の寄付や献金に領収書は出しませんから証拠は残らず脱税し放題です。宗教団体の職員への給与には所得税や住民税が課されますが、所得を減らし、宗教活動での収益をそのままネコババすれば簡単に脱税もできてしまうオイシイしくみがあるのです。

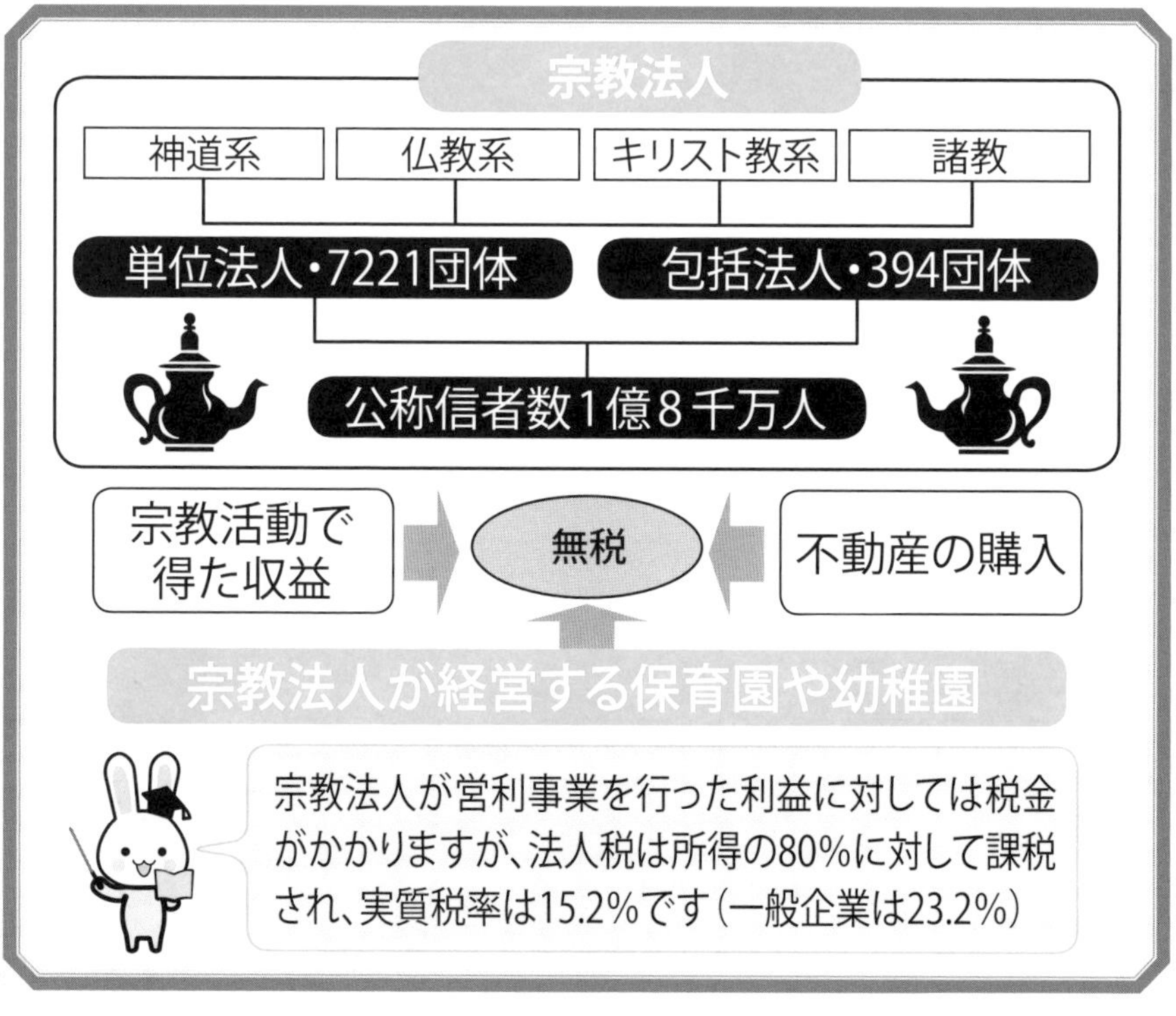

人々に影響を与えた経済学者⑤

ダニエル・カーネマン（1934年～）
アンガス・ディートン（1945年～）

「収入と幸福」の関係は比例しないと提唱

お金があればあるほど幸福度は増すという考え方を覆した論文を発表

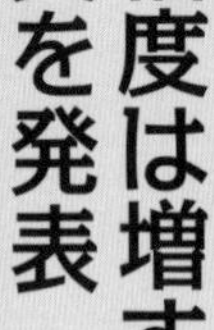

「幸福」についての概念では古代ギリシャの哲学者アリストテレスが「徳を身につけ、よく生きること」が人生の究極の目的と唱え、また「他人との比較が不幸を招く」と説くドイツの哲学者ショーペンハウアーが有名です。さらに最大多数の最大幸福を唱えて、「少数者を犠牲にする」と批判も多い「功利主義」のJ・ベンサムやJ・S・ミルといった哲学者たちも「幸福概念」の考察を行いました。

一方、20世紀においては、「収入と幸福」の関係を研究する経済学者が現われます。

その先駆けが米国の経済学者リチャード・イースタリンです。「幸福のパラドクス」として有名な説ですが「高い所得は必ずしも高い幸福感をもたらさない」という考察でした。

その後、行動経済学の分野で2002年に

2023年・世界幸福度ランキング

1位・フィンランド	6位・スウェーデン
2位・デンマーク	……
3位・アイスランド	47位・日本
4位・イスラエル	
5位・オランダ	

ノーベル経済学賞を受賞した心理学者のダニエル・カーネマン教授が、経済学者のアンガス・ディートン教授（2015年ノーベル経済学賞受賞）とともに2010年に発表した論文で、「年収7・5万ドル（当時）を境に幸福度は頭打ちになる」という研究発表を行い、世間を驚かせました。

お金があればいろいろなモノが買えたり、さまざまな体験ができる「満足度」はそれなりに上がるものの、「幸福度」という観点では、必ずしも上昇しないというのが結論だったのです。

この「幸福度」や「満足度」といった心理的概念は、人によって捉え方に差があり難しいものです。そのせいでしょうか、10年後の2023年には、大きく異なる内容の「幸福度の低い人にとっては一定の年収で幸福度は頭打ちになるが、もともと幸福度の高い人は、年収の増加とともに幸福度もさらに上昇していく」という反対の説に変化します。

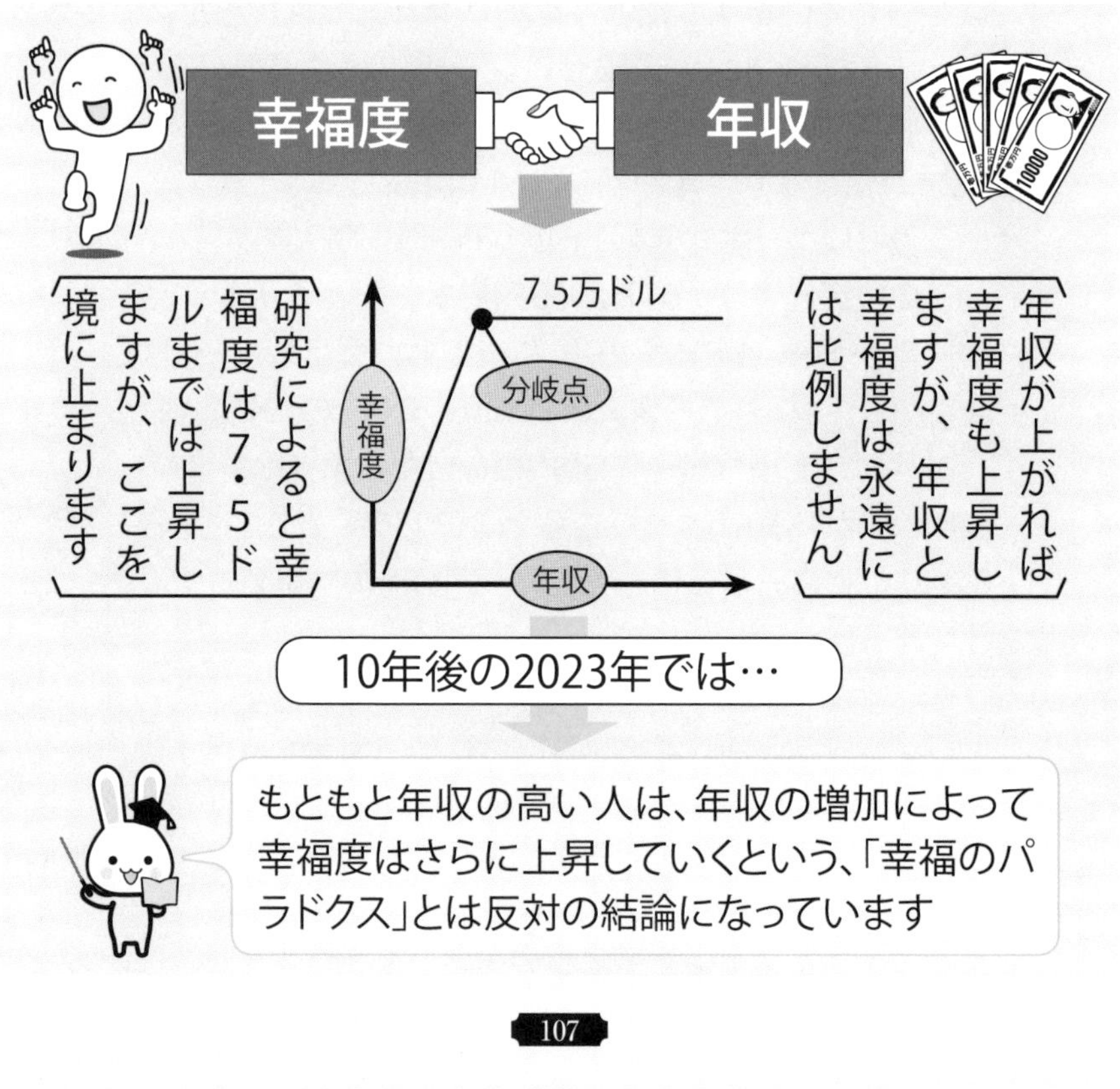
幸福度
年収
研究によると幸福度は7・5ドルまでは上昇しますが、ここを境に止まります
7.5万ドル
分岐点
幸福度
年収
年収が上がれば幸福度も上昇しますが、年収と幸福度は永遠には比例しません
10年後の2023年では…
もともと年収の高い人は、年収の増加によって幸福度はさらに上昇していくという、「幸福のパラドクス」とは反対の結論になっています

Column ⑤

将来の「超円安&ハイパーインフレ」に備える話

（2024年1月12日時点）

将来の超円安に備え金利の上がった米国の「ゼロクーポン債（ストリップス債）」を、10年〜20年後に備えた将来の「自分年金」とする方法もお薦めです。数年後償還の既発債も現在3%以上の年利回りです。

ゼロクーポンとは利息（クーポン）が付かず満期時に1万ドルで償還される割引債なので安く買えて複利効果が狙えます。証券会社は手数料収入が少なくPRしませんが、円高の時にこれを買った人は現在大きな含み益を抱えています。たとえば約19年後の2043年5月に1万ドルで償還される米国ゼロクーポン債は現在4522ドルで購入でき、満期日に1万ドルで償還されると購入時の2・21倍になり、年利回りは約4.148弱です。

このゼロクーポン債を1ドル140円時に購入すると、円建ての投資元本は、63万3080円です。たとえ今より2倍の円高が進み、1ドル70円になっても、受け取る円換算額は70万円なので投資元本は約63万円なので元本割れしません。1ドル140円が250円になったら単純に資金が1・8倍に増え、350円になったら2・5倍です。少しでも円高の時にゼロクーポン債を買うのが円資産の防衛術です。

第5章

＜戦略＞
最低限知っておきたい お金のカラクリ

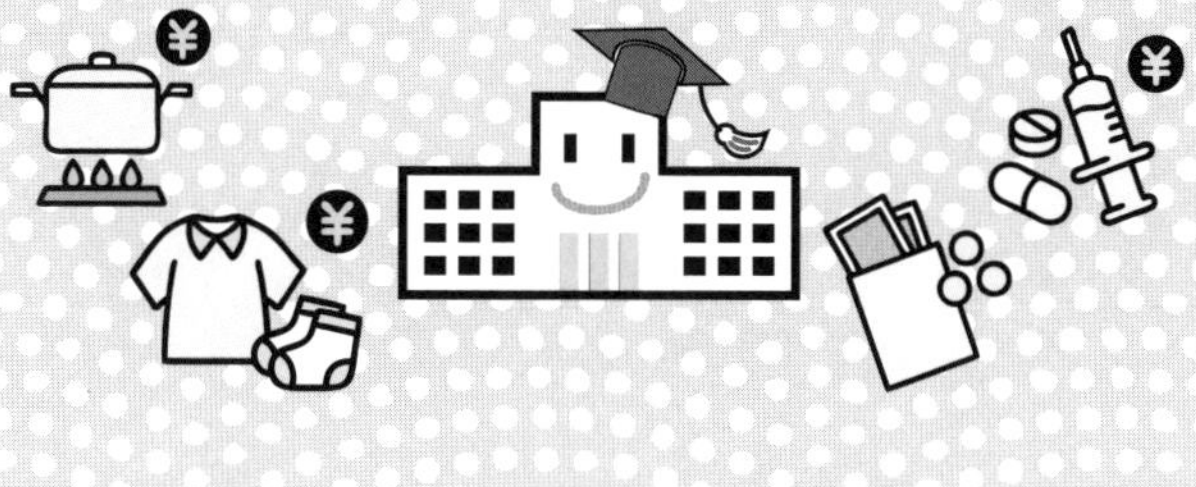

1 日本銀行と市中の金融機関との関係

日本銀行は日本国の金融機構の中核に位置する中央銀行と呼ばれる存在です。**中央銀行は、米国ではＦＲＢ（連邦準備制度理事会）がそれで、ＥＵ27カ国中ユーロ導入の20カ国においてはＥＣＢ（欧州中央銀行）が相当します。**

日銀は日本国の通貨の独占的な「発券機能」を有し、通貨の総量を調節するために、当座預金口座（原則として利子がつかない）を設けています。

市中の金融機関は、この日銀の当座預金に一定の支払い準備金（資金繰り保全のため）を積み、金融機関同士の手形交換尻《じり》の振替決済も行うので日銀は「銀行の銀行」とも呼ばれます。そして日銀は金融危機時には、市中の金融機関に資金供給することもあり、「最後の貸し手」という役割もあります。また、日銀は当座預金口座で政府の資金も管理するので、「政府の銀行」とも呼ばれます。

日銀は金融政策（物価の安定を目的に通貨発行の調節や長短金利の誘導、資産買い入れなどの公開市場操作）を通じて、世の中全体の資金の供給や吸収を行う「通貨の番人」です。

つまり、景気が停滞すれば金利を引き下げて資金を供給し、過熱すれば金利を引き上げて資金を吸収するのです。ちなみに日銀に当座預金口座をもつ民間金融は、銀行などの金融機関、外国銀行、証券会社、外国の証券会社、短資会社などで、２０２３年12月末時点で４８４社あります。

日銀はこうした民間との取引だけでなく、海外の中央銀行や国際機関とも連携する業務を行っています（預り金業務・債券等保管業務・国債買取りなど）。たとえば、海外取引先からの緊急な「円資金調達」に対応する場合には当該国の国債を買い上げたり、売り戻すなどの業務も行います。

日本銀行の役割

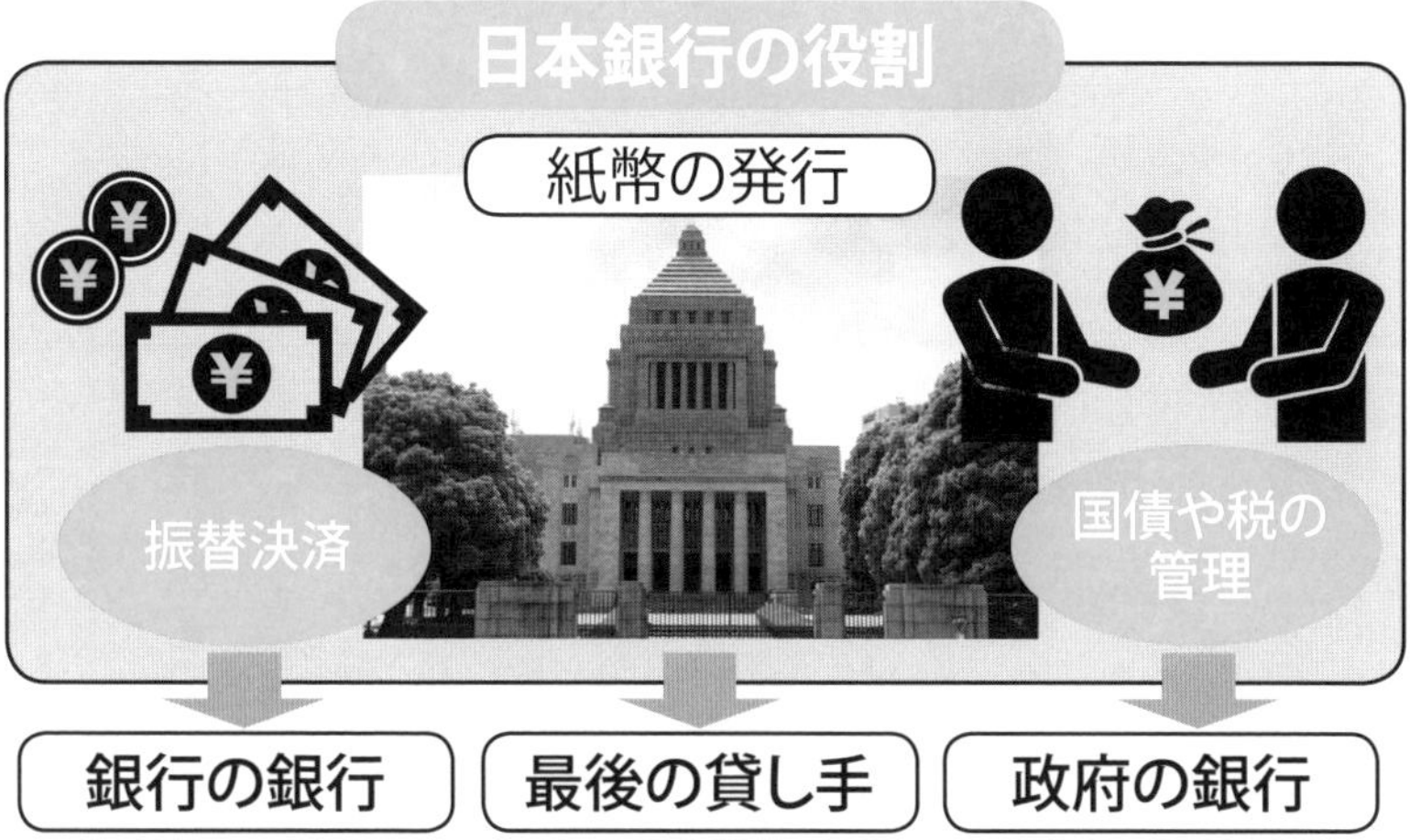

通貨の発行の調整・長期金利の誘導・公開市場調査などの金融政策を通じて世の中のお金の流れを注視する役割も担っています

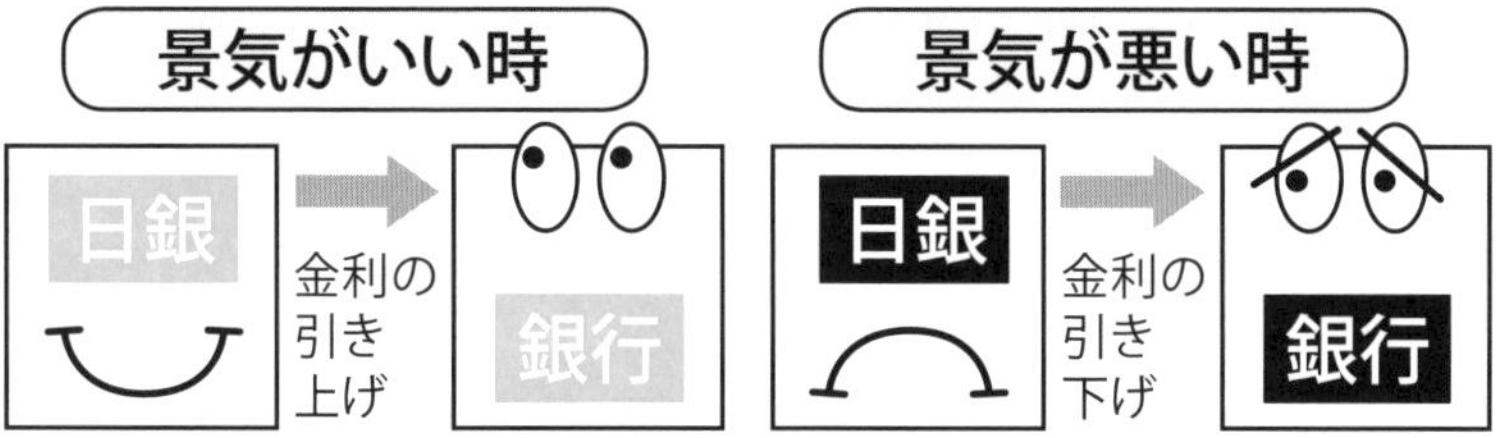

2023年11月現在、日銀に口座をもつ民間の金融機関は、銀行・外国銀行・証券会社・外国の証券会社・短資会社を併せて484社あります

経済とお金の豆知識

日銀が債務超過となり日本円が世界から信認されず暴落し、国内がハイパーインフレになったら、日銀を解体し、再度新しい日銀を作ればよいという暴論もあります。こうなるともはや仮想現実の世界です。

2 証券会社はどんな仕事をしているのか

証券会社は、有価証券（株式、債券など）の売買や取り次ぎ、引き受けなどを行うのが仕事です。

主な収益源は、顧客を株式市場に取り次ぐ際のトレーディング収入、株や債券の新規発行の引き受けや売り出しの手数料収入、信用取引の金利や貸株料などになります。他に自社の利益のために、取引するディーラーとしての収益もあります。

このように証券会社自身が市場の取引に参加するのは、市場の活性化にも役立ちます。

しかし、やりすぎて損失を膨らませると経営が不安定になるだけでなく、一般投資家との「利益相反」で顧客の信頼をも揺るがしかねません。そのため証券会社ごとに保有できる証券の限度額が決められています。また、証券会社が倒産しても、顧客から預かった資金や証券は保全されるしくみも整っています。「顧客資産の分別管理」と言い、自社資産と顧客資産を別々に管理し、金融庁や日本証券業協会などにチェックされます。

１９８０年代に入るまで、日本企業の資金需要は強かったものの、資金調達は「間接金融」の銀行融資が中心でした。やがて80年代後半のバブル期に至って証券会社の「直接金融」が飛躍していきます。低金利の余剰資金が株式市場に流入し、不動産業界とともにバブルの主役を演じたのです。

しかしバブル崩壊後の市場が低迷期に入ったのはご承知の通りです。さて、最近では株式売買手数料をゼロにするネット証券会社も登場して驚かされます。かつて99年10月に手数料が完全自由化されるまでは電話や対面取引中心で、１００万円以下の取引で手数料が約定代金の１・15％もかかり、往復で2・3％ゆえに短期売買はなかなか困難でした。今とは隔世の感があるのです。

証券会社の仕事

- 有価証券の売買
- 有価証券の取り次ぎ
- 有価証券の引き受け

証券会社の収益源としては、トレーディング収入・引き受けや売り出し手数料・信用取引の金利や貸株料・自社のディーラーとしての利益などがあります

証券会社

保有できる証券の限度額が決められている
↓
経営の安定や顧客との信頼維持

証券会社が倒産しても資金や証券は保全される
↓
自社と顧客の資産を別々に管理

株式売買手数料の変遷

＜バブル期＞

100万円の短期売買で往復2.3%もかかることがあった

＜現在＞

売買手数料をゼロにするネット証券も登場している

経済とお金の豆知識

証券会社はかつて顧客の株式の「回転売買」で不当な手数料収入を得ていました。現在では新興国通貨連動の仕組債の「回転売買」で手数料を稼ぎます。金融庁は「過当取引」の違法類型と警告しています。

3 独占禁止法とはいかなる法律なのか

独禁法とは、私的独占を禁じ、公正な競争が確保されるための法律です。独禁法に定める規制への違反行為には、公正取引委員会による「排除措置命令」が出され、事実上、社名も公表されます。

そして、「私的独占」「カルテル」「不公正取引」などを行った事業者や役員には課徴金や罰金が課されます。

ちなみに「私的独占」とは、不当廉売で競争者を排除したり、株式取得などで競争企業の活動を制約したりすることです。「カルテル（企業連合）」とは、複数の事業者が競争を避けるための価格・生産計画・販売地域などの協定を結ぶことです。

「不公正取引」とは、「不当対価取引」「不当な顧客誘引・取引強制」「取引拒絶」「入札談合」「拘束条件付取引」「事業活動の不当拘束」「取引上の地位の不当利用」「競争者に対する不当な取引妨害・内部干渉」などのことを言います。こうした違反行為による被害者は損害賠償ができ、この場合の違反企業は故意、過失の有無を問わずに責任を免れない「無過失損害賠償責任」が認められます。

かつては大企業中心に摘発が多かったものの、近年では中小企業も摘発対象になってきています。

課徴金の額が合計で１０００億円余りと大きく、世間を騒がせたのが、公取委が２０２３年３月３０日に大手電力会社４社に出したカルテル排除命令でした。事業者向けの電力販売で顧客を奪い合わない申し合わせをしていたのです。そして中部電力、同子会社、九州電力、同子会社の４社が摘発されました。実は関西電力主導で始まったカルテルだったのに、同電力は公取に自ら罪を認め懺悔《ざんげ》したため課徴金を免れたのでした。当然、関電は「狡猾《こうかつ》」というブーイングに見舞われました。

- **私的独占** ➡ 競争者の排除や競争企業の活動などを制約すること
- **カルテル** ➡ 競争を避けるために販売価格などの協定を結ぶこと
- **不公正取引** ➡ インサイダー取引など他の投資家に不利益になる行為

事業者や役員など違反者には課徴金や罰金が課せられます

課徴金の額が約1000億円にも及んだ事件

大手電力会社4社へのカルテル排除命令

（2023年3月30日）

顧客の奪い合いをしないよう申し合わせをしていたのです（関電だけ免罪）！

経済とお金の豆知識

独禁法で禁じられていても、世の中には「優越的地位の乱用」がはびこっています。下請けに対して値引きを強要するのは大企業の常套手段でしょう。泣き寝入りしている中小零細企業は無数にあります。

4 国の予算はどのように決められているのか

国の予算は、翌年度の歳入と歳出を予定した計画です。毎年5月頃から各省庁は次年度に必要と見積る金額を算出し始め、7月には内閣が定めた「骨太の方針」に基づく「概算要求」として財務省に提出されます。財務省はこうした予算が妥当かどうか判断の上に12月上旬には「財務省原案」として内閣に報告します。内閣は12月末までに「政府案」を閣議決定し、翌1月の国会に提出して審議を受けます。そして3月末までに衆参両院で可決されれば、4月から予算執行されます。

これが一般会計予算で、「当初予算」「本予算」とも呼ばれます。この予算が国会で通らない時は一時しのぎの「暫定予算」を組む場合もあります。

また、年度途中で、災害が起こるなどで予算不足や予算内容を変更する場合は「補正予算」を組みます。２０２３年度の一般会計総額は左頁の通りですが、「社会保障費」「地方交付税」「国債償還費」で7割が占められ、他に回す予算が制約され、日本の財政は硬直化しています。国家の歳出を賄うのに税収だけでは足りず、毎年国債（国民からの借金）を発行し、不足分を補っています。

このため累積債務の額はＧＤＰ（約５５０兆円）の2倍を超える額となっています。借金に頼って、歳出より歳入が少ないため、「プライマリーバランス（基礎的財政収支）」はずっとマイナスを続けています。せめて均衡させたいという政府の目論見もいつも実現不能な状態です。国の予算には、「一般会計」の他に、「特別会計」が13もあり、特定税収や特定財源を元に、国会審議を経ないで予算執行されるものもあります。**一般会計との重複分を除いても一般会計の約2倍もあり、各省庁の天下りの温床として批判される存在でもあります。**

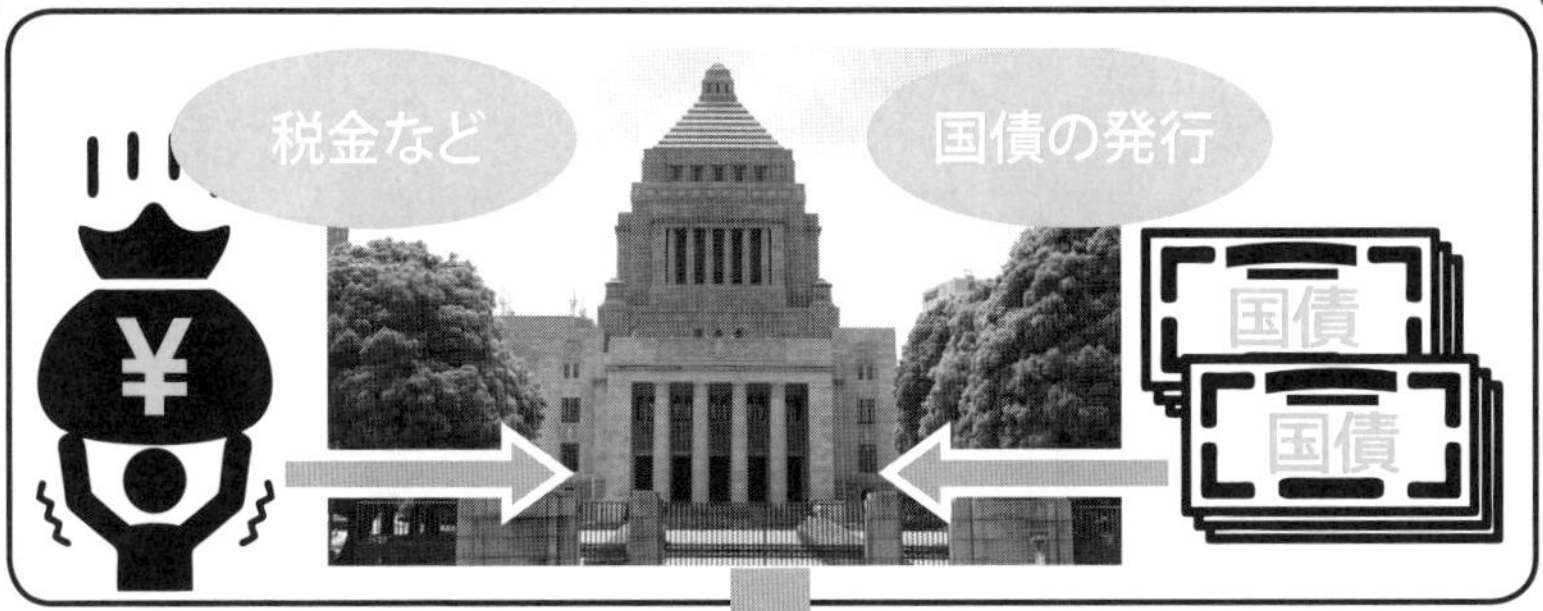

国家予算が決定されます

2023年度の一般会計の総額＝114兆3812億円

社会保障費	地方交付税	国債償還費
［36.9兆円（32.3%）］	［16.4兆円（14.3%）］	［25.3兆円（22.1%）］

［この3項目で全体の約70%を占める］

国家の歳出を補填するために毎年国債を発行し、累積債務額は日本のGDP（約550兆円）の2倍を超える額にまで膨らんでいます！

経済とお金の豆知識

かつて小泉内閣の塩川正十郎財務大臣は「母屋でおかゆをすすっているのに、離れですき焼きを食っておる」と一般会計と特別会計の闇を皮肉ったものの、いまだに特別会計は各省庁で温存され続けています。

5 マイナス金利とはどんな金利のことなのか

通常は、お金を誰かに貸せば利息分がもらえます。しかし、逆に利息分がマイナスされて減らされていくとしたら、貸した元本自体が減っていくことになります。これが「マイナス金利」です。

日銀は、２０１３年４月から大規模異次元緩和をスタートさせ、世の中全体に資金を供給し、お金の巡りを潤滑にしようとしてきました。つまり、民間金融機関が保有する国債などの金融資産を買い取り、お金を支払いまくったのです。しかし、世の中に十分に資金は回っていきませんでした。

民間の金融機関は、国債などを日銀に売って得た資金を、日銀の当座預金口座に溜めておくだけで、資金は滞った状態になっていたからです。

そこで、民間の金融機関が日銀に預けっぱなしにしている資金に、一定の量を超えたら金利をマイナスにして預けた元本が減っていく――という政策を始めます。これが、２０１６年１月からスタートした「マイナス金利付き量的・質的金融緩和」という名称の「マイナス金利政策」なのです。

こうすることで、金融機関が日銀の当座預金から資金を引き出して、もっと世の中に向けて貸出しなどを増やしていくことを狙ったのです。

しかし、結果は無残なものでした。

すでに、日銀が１９９９年２月から「ゼロ金利政策」を打ち出してから、日本の金融界は「超低金利」にすっかり慣らされてきていたからです。

超低金利状態がずっと続いた環境下で、今さら金利を少しぐらいマイナスにしたとしても、心理的ショックは一時的なものにすぎません。

むしろ民間の金融機関はさらに低金利の貸出し競争に煽られて、さらに収益を圧迫され、業績を著しく低下させただけに終わったのでした。

マイナス金利

日本銀行

お金を預ける

手数料を払う

金融機関

通常はお金を預けると金利がつきますが、マイナス金利のケースでは、金利の代わりに手数料を支払うことになります

日銀に預けていた資金を引き出す

金融機関

引き出した資金を民間に貸出す

世の中に流通するお金の量を増やして景気を刺激する

マイナス金利政策の結末は悲惨なものとなった

民間の金融機関は低金利でお金を貸出すことになったため、金融機関の収益は悪化の一途をたどることになりました!

経済とお金の豆知識

日銀のマイナス金利で、金融機関では超・超低金利の住宅ローン貸出し競争が起こりました。収入以上に多くの借り入れができるため、過剰借り入れで多くの「住宅ローン破綻」を生む原因ともなりました。

6 お金の価値がなくなるハイパーインフレの恐怖

好況が続けば経済はインフレ気味になり、日銀は金利を上げ、出回りすぎた世の中のお金を吸収し、不況でデフレ気味なら、金利を下げ世の中にお金を供給します。要は、モノやサービスとの取引での「お金の量」が多いか少ないかという需要と供給の関係です。日本の場合、デフレ傾向が長期に続いているため、日銀は超低金利でお金が大量に出回るような金融政策を採り続けてきています。

つまり、国債という借金で資金を生み出しているのですが、その借金の累積額が膨大なのは、ご承知の通りです（90頁参照）。さて、あまりにも借金が増えすぎると、果たして返せるのか？という心配が生じます。これを「信用不安」と言います。すると、海外の投資家は日本円を保有していてもその価値が「下がるのでは？」という懸念が膨らみ、日本円を持つより、米ドルなどに交換しようとなるでしょう。そうなると円の価値はさらに下がり、日本国内の輸入物価は急上昇します。これが嵩《こう》じてモノやサービスの価格が際限なく上がり始めると「ハイパーインフレ」が生じます。

つまり、究極は円の価値が紙くず同然の価値しかなくなるわけです。ゆえに現在の日本の借金額の巨大さがつねに心配されているのです。

世界史では、戦争が終わると、膨大な借金が膨れ上がった結果、「ハイパーインフレ」になった例が多くあります（第一次大戦後のドイツは有名）。

近年では１９８８年、過剰な通貨供給を行ったアルゼンチンが年率5千倍の物価上昇に見舞われました。２００７年には、独立を果たしたジンバブエが、白人農家を追い出して物資不足となり、年率６５０万倍の物価上昇で通貨価値を毀損する「ハイパーインフレ」を生じているのです。

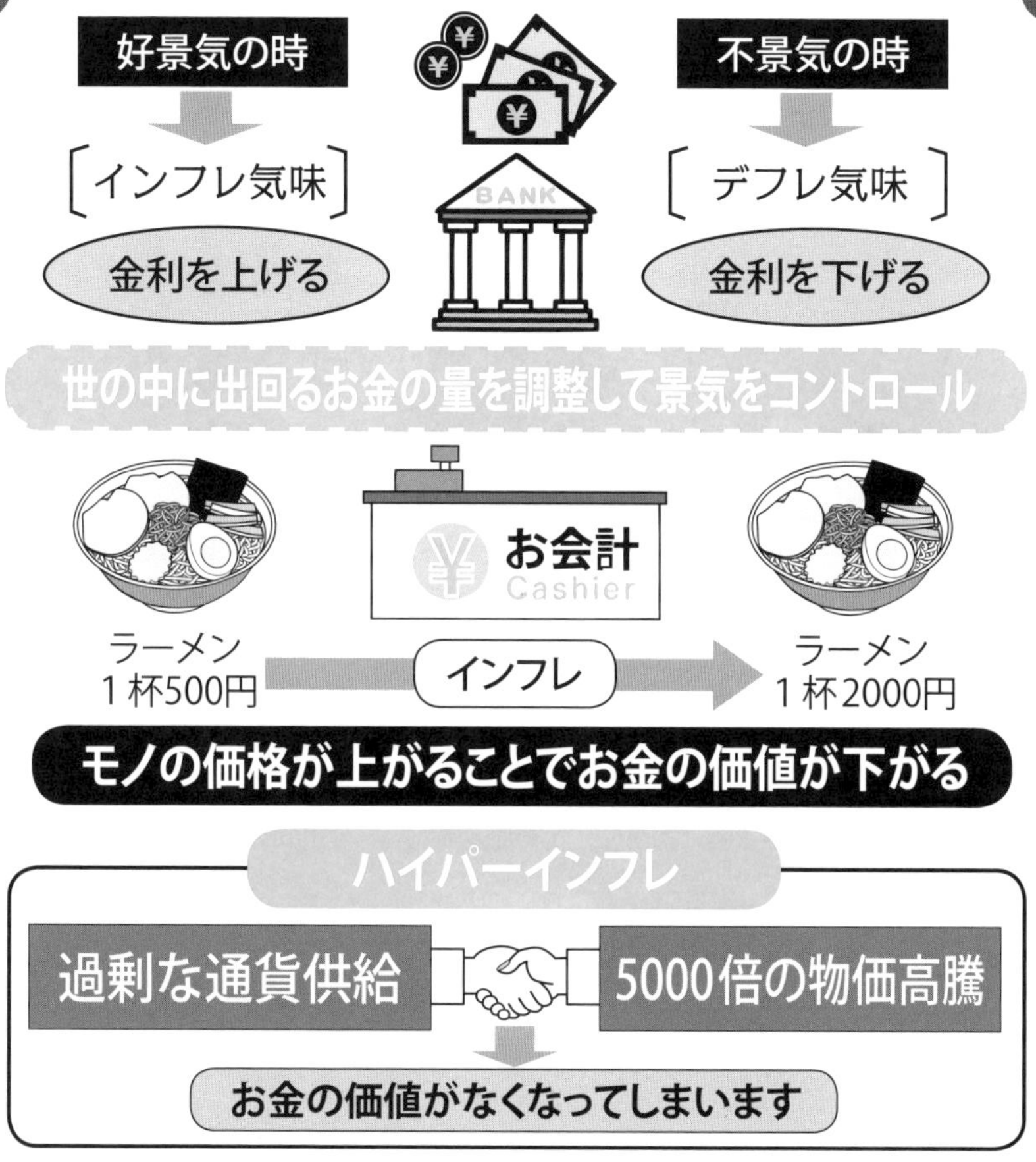

ジンバブエでは年率650万倍の物価高騰に見舞われ、未曾有のハイパーインフレになった歴史があります!

経済とお金の豆知識

第一次大戦（1914年〜18年）後のドイツは戦勝国（ロシア、フランス、英国）から莫大な賠償金を課せられマルク紙幣を刷りまくり、1923年ハイパーインフレになりました（卵10個が3兆マルクに）。

7 年金が年々減り続けてしまうカラクリ

公的年金は二階建てのシステムで、一階部分の国民年金保険（基礎年金）と二階部分の厚生年金保険から成り立ちます。一階部分の国民年金は20歳から60歳未満までの加入が義務です。二階部分の上乗せの厚生年金は会社勤めの従業員が対象で、保険料は会社と折半です（70歳以上は雇用中でも支払い免除）。いずれも保険の名が付く通り、加入期間中に事故や病気で働けなくなったら「傷害年金」が支給され、一家の働き手が亡くなれば「遺族年金」が子供や配偶者に支給されるしくみがあります。ちなみに、この年金は積立式でなく、現役世代（15歳～64歳の生産年齢人口）から年金受給世代（65歳以降）への仕送り型です（賦課方式）。ゆえに、現役世代の何人で高齢の受給者を支えられるかが問題です。少子高齢化で現役の支え手が激減しているのが実情だからです。

1950年時点では12人で1人の高齢者を支えていたのが、2021年時点では現役世代2・1人で高齢者1人を支えています。2040年には1・5人で支え、65年には1・3人で支えることになる見込みで、とても支えきれないでしょう。

したがって、現役世代の年金保険料はもうこれ以上上げられないので、今の高齢者の年金支給額を減らすか、受給開始年齢を70歳や75歳にまで引き上げるしか現実的な解決策はないのです。

ただし、そうなると現役時代の40年間に支払った保険料総額よりも、高齢者になって平均寿命で亡くなるまでに受け取る年金総額が確実に減ります。すると年金保険料を払う意味があるのか、という疑念が噴出するでしょう。**すでに現在50歳代以降に生まれた人は、「払込保険料総額より受給総額が少なくなる」という試算もあるからです。**

年金65歳支給への移行イメージ

	60	61	62	63	64	65（年齢）
1949年4月2日〜1953年4月1日 （1954年4月2日〜1958年4月1日）	特別支給の老齢厚生年金（報酬比例部分）					老齢厚生年金 老齢基礎年金
1953年4月2日〜1955年4月1日 （1958年4月2日〜1960年4月1日）		（報酬比例部分）				老齢厚生年金 老齢基礎年金
1955年4月2日〜1957年4月1日 （1960年4月2日〜1962年4月1日）			（報酬比例部分）			老齢厚生年金 老齢基礎年金
1957年4月2日〜1959年4月1日 （1962年4月2日〜1964年4月1日）				（報酬比例部分）		老齢厚生年金 老齢基礎年金
1959年4月2日〜1961年4月1日 （1964年4月2日〜1966年4月1日）					（報酬比例部分）	老齢厚生年金 老齢基礎年金
1961年4月2日以降 （1966年4月2日以降）					（報酬比例部分はなし）	老齢厚生年金 老齢基礎年金

※（ ）内は女性です

日本の人口予測　2014年 1億2691万人 → 2060年 8674万人

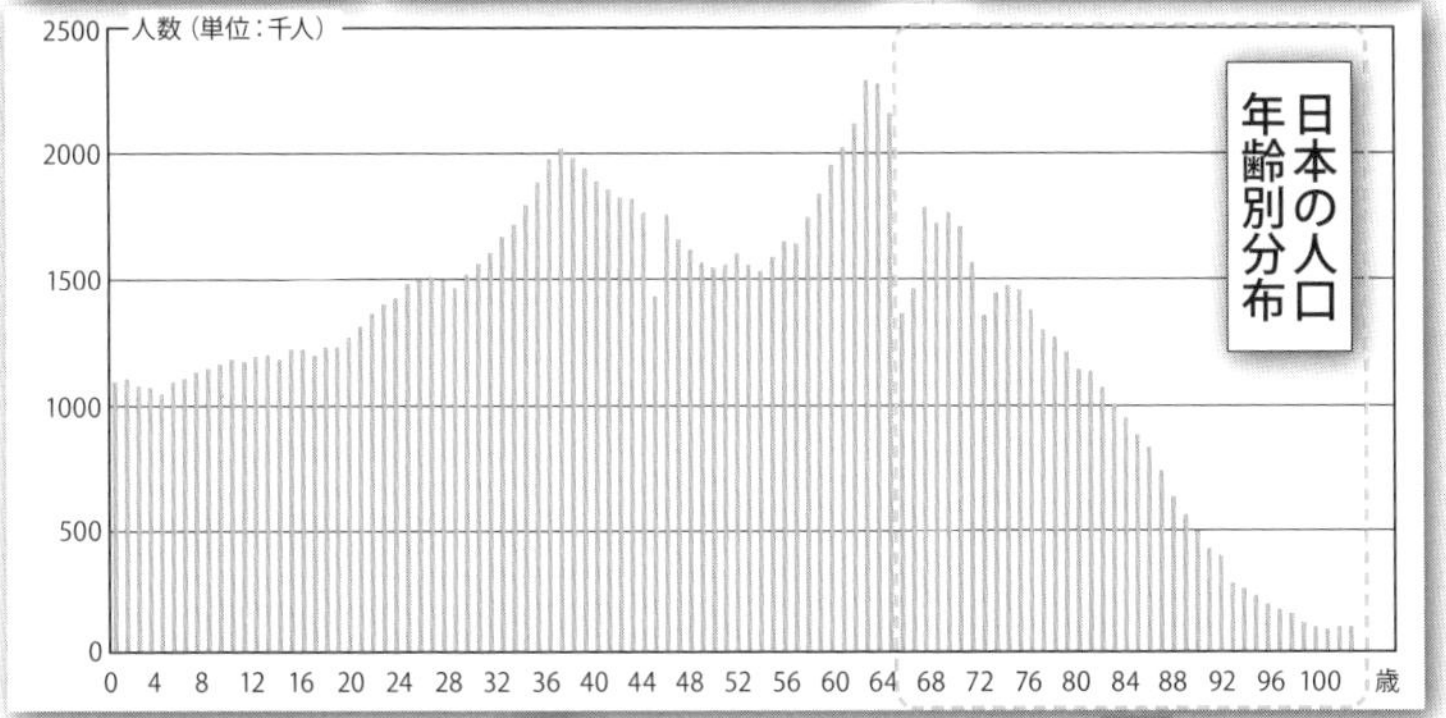

（厚生労働省の資料をもとに作成）

1970年＝7.1%
1995年＝14.5%
2023年＝29.1%
↓増加

全人口に対する65歳以上の割合

『眠れなくなるほど面白い 経済の話』より引用

経済とお金の豆知識

年金のしくみは「ネズミ講」によく譬《たと》えられます。あとに続いてお金を拠出する人がいなくなると破綻するからです。日本も少子高齢化の人口減少で現役世代人口が縮小に向かうので似た構図があります。

8 社会保障制度の破綻が目の前にきている現実

前項で解説の通り、年金制度の将来見通しには暗澹《あんたん》たるものがあります。しかし見通しが立たないのは「年金」だけでなく、社会保障費全体です。**社会保障は、保険料支払い側からすれば「年金保険」「健康保険」「介護保険」などが主体です。**

しかし、国全体で捉え直すと、2023年度の社会保障費は、「年金（60・1兆円）」「医療（41・6兆円）、「福祉その他（32・5兆円）」で合計約134兆円になります。「福祉その他」の中には、「介護（13・5兆円）」「こども・子育て（10兆円）」「生活保護（4兆円）」などが含まれます。

総額134・3兆円は、国家予算（114・4兆円）よりも大きいですが、加入者の保険料（77・5兆円）に加えて、公費（53・2兆円＝国36・7兆円＋地方16・4兆円）が注ぎ込まれて何とか成り立っています。しかし、ここでも近い将来、問題となるのは、少子高齢化の影響です。

高齢者が増えるほど、「年金」だけでなく、「医療費」も膨らむからです。ちなみに、現行では現役世代の医療費負担は「健康保険」が支えてくれて3割負担ですが（69歳まで）、70歳からは2割負担になり、75歳以上の「後期高齢者」は1割負担です（所得による例外あり）。収入の乏しい高齢者には優しい負担となっています。

しかし、医療費約42兆円の6割が、65歳以上の高齢者により占められています。つまり高年齢になるほど医療費は嵩《かさ》み、このまま現役世代の医療費負担より軽い負担は続けられなくなる見込み大なのです。「介護」や「生活保護（受給者の半数が65歳以上）」も高齢者が増えるほど膨らみます。

現役世代の人は、自分が高齢者になった時、今の高齢者より大幅な負担増加が確実なのです。

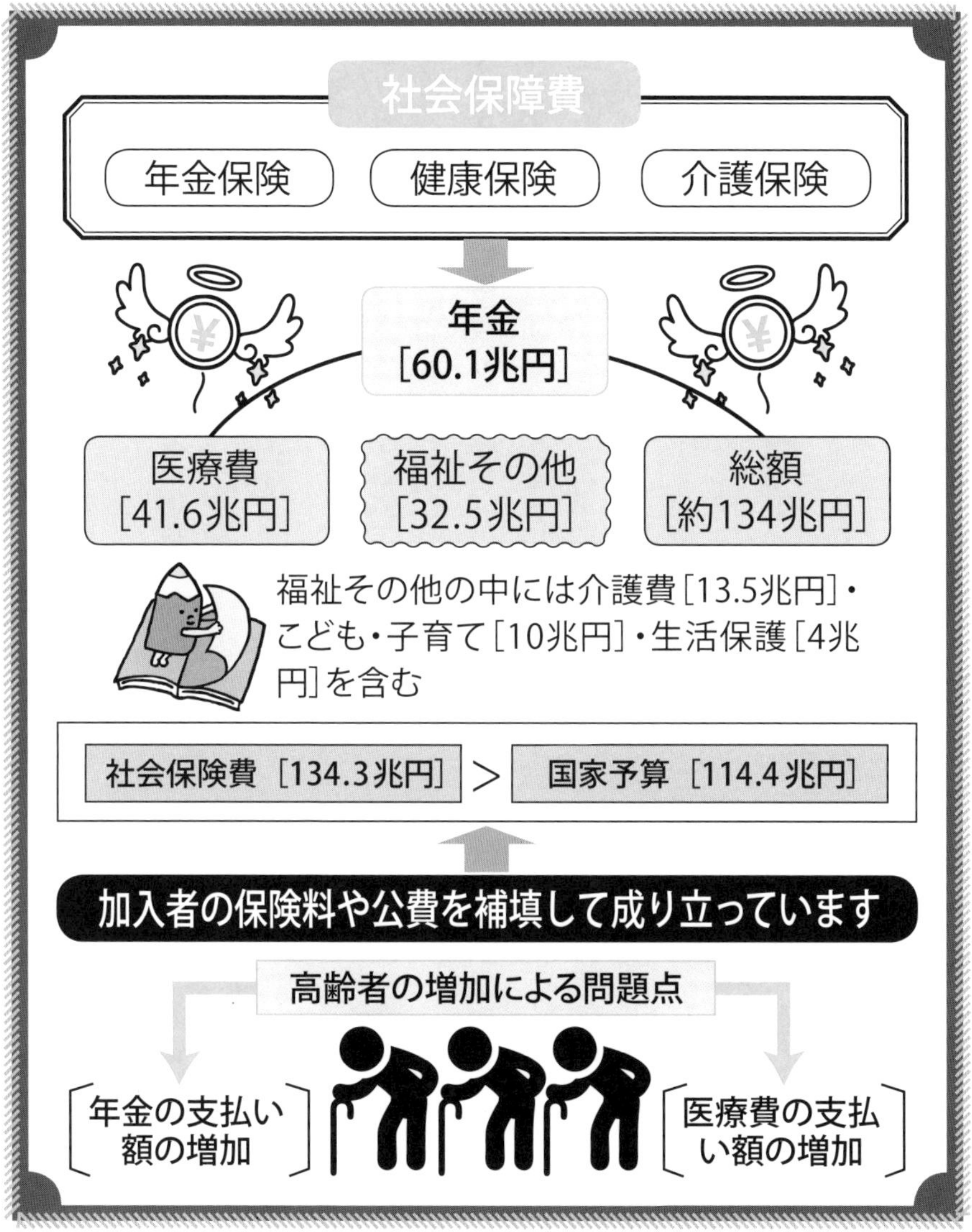

経済とお金の豆知識

欧米に「寝たきり老人はいない」と言われます。それは終末期医療の考え方の違いです。欧米では高齢で食が通らなくなったら苦痛緩和中心で自然死を待ちます。日本は体中チューブ巻きで生かし続けます。

９ インボイス制度は消費税率アップへの布石

２０２３年10月から「インボイス制度（適格請求書等保存制度）」が始まり、これまで「益税」を可能とした年間売上１０００万円以下の事業者も、消費税を納めなければならなくなりました。

実質的な増税なのです。この制度下では、今まで通り１０００万円以下の売上でも、消費税の免税業者を今後も続けることが適《かな》わないのです。

インボイスを発行できる課税業者に登録しておかないと、取引先に忌避《きひ》されかねないからです。

フリーランスの零細自営業者には大打撃です。発注元業者はインボイスを発行できない業者との取引では仕入れ税額控除ができないので、その場合、発注元は自腹で消費税分を負担しなければならなくなるからです。必然的に１０００万円以下の売上業者も「課税業者」として登録しておく他なくなります。財務省は、このインボイス制度導入で、売上が１０００万円に満たなくても課税業者への登録が増え、１社当たり15万4千円の負担増で、少なくとも２４８０億円分の増税になると試算しています。事実上「益税」が消えます。

すでに消費税率10％アップ時に、８％の軽減税率も導入されているため、こうしたインボイス発行は手間がかかり、大きな負担を強いられます。

全国に70万人の会員がいる、自治体高齢者のシルバー人材センター登録の人までが対象です。

また全国に１１６万人の賃貸不動産を所有する大家さんも、法人向けテナント貸で消費税分の「益税」を得ている大家さんは課税業者にならないと、テナント入居者から忌避されます。**国民の１割近い人たちに影響を及ぼすインボイス制度を導入したのは、今後も軽減税率込みで消費税率を15％、20％と上げていくための布石だからです。**

インボイス制度

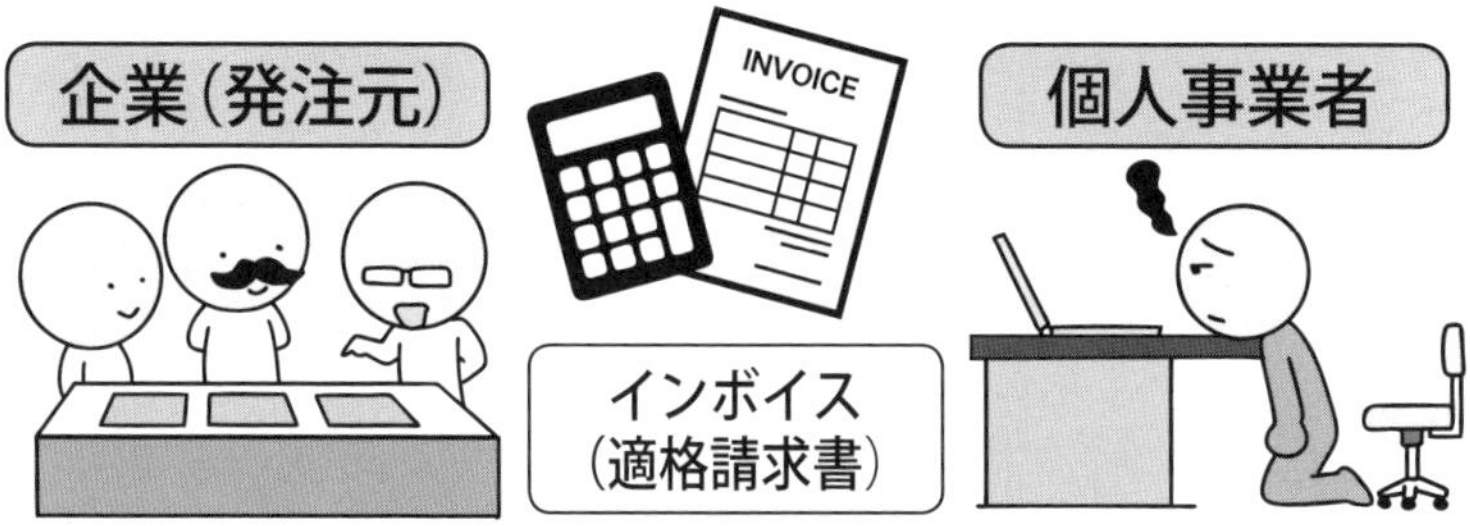

業務の発注元はインボイス（適格請求書）以外の請求書に対しては消費税控除を受けることができない

売上1000万円以下の業者　**インボイスに登録**

↓

［消費税を支払わなければならなくなります＝増税］

インボイス制度の目的は、今まで課税業者でない人を課税業者にし、税収入を増やそうとすることです！

消費税率の変遷

1989年4月	1997年4月	2014年4月	2019年10月	
3% →	5% →	8% →	10% →	？

経済とお金の豆知識

インボイス導入でも増収はたった2500億円程度で、それに関わる労力や費用負担のほうが大きいのです。一律課税なら必要ないものの、軽減税率を導入し、税率アップするには欠かせないアイテムだからです。

もっと知りたい 経済とお金の話⑥

成年後見人制度の悪用で親の財産が奪われる！

「成年後見人制度」とは、知的障害や精神障害など判断能力が不十分な人の財産管理や権利を守る制度です。この制度には、親族や知人の中から定める「任意後見人」と、行政から認知症などで判断能力が不十分で選任される「法定後見人」の2種類があります。成年後見人制度スタートの2000年当時、法定後見人は9割が親族からの「任意後見人」でしたが、財産横領などトラブルが絶えず、2016年に国は、司法書士や弁護士などからの強い要望を受けて「成年後見人制度利用促進法」を制定します。これが大いに問題のある法律でした。弁護士や司法書士、行政書士たちの「食い扶持《ぶち》」確保の法律だったからです。

行政は法律専門職の「法定後見人」選定を推進し、家裁も親族の法定後見人を認めなくなり、現在「法定後見人」の8割が法律専門職です。

法定後見には、重篤レベルから「後見」「保佐」「補助」の3種あり、法定後見人の7割が最重篤の「後見」に集中します。これが一番儲かるからで、本人や家族の意向を無視できるからです。

本人を温泉旅行に連れて行きたい、施設に本人を収容させたい、家の増築をしたいと家族が希望しても法定後見人は「必要性が乏しい」「認知症回復に寄与

成年後見人制度を悪用されてしまうと、身内の財産を適正に運用することができなくなってしまいます！

しない」などと支出を却下します。

法定後見人は、管理下の「現金資産」が減ることを極度に嫌がるのです。

彼らの報酬は「現金額」で定まるからです。ゆえに本人所有の株式や不動産は、収益を生んでいても勝手に売られ現金化されます。こんな法的手続きを行うだけでもガッポリ手数料収入が得られます。

法律専門職による法定後見人の月額報酬は現金資産が1千万円以下の場合月額2万円、5千万円以下の場合月額3～5万円、5千万円以上は6万円、1億円以上なら10万円というのが、家裁が定める相場です。

複数人束ねて「法定後見人」になると毎月数十万円もの多額の不労所得が入るのです。こんなにオイシイ商売は他にないでしょう（現在、法定後見利用者数約25万人）。毎年約3万人もの「法定後見人」が家裁で選任されるという酷い現実が野放しなのです。

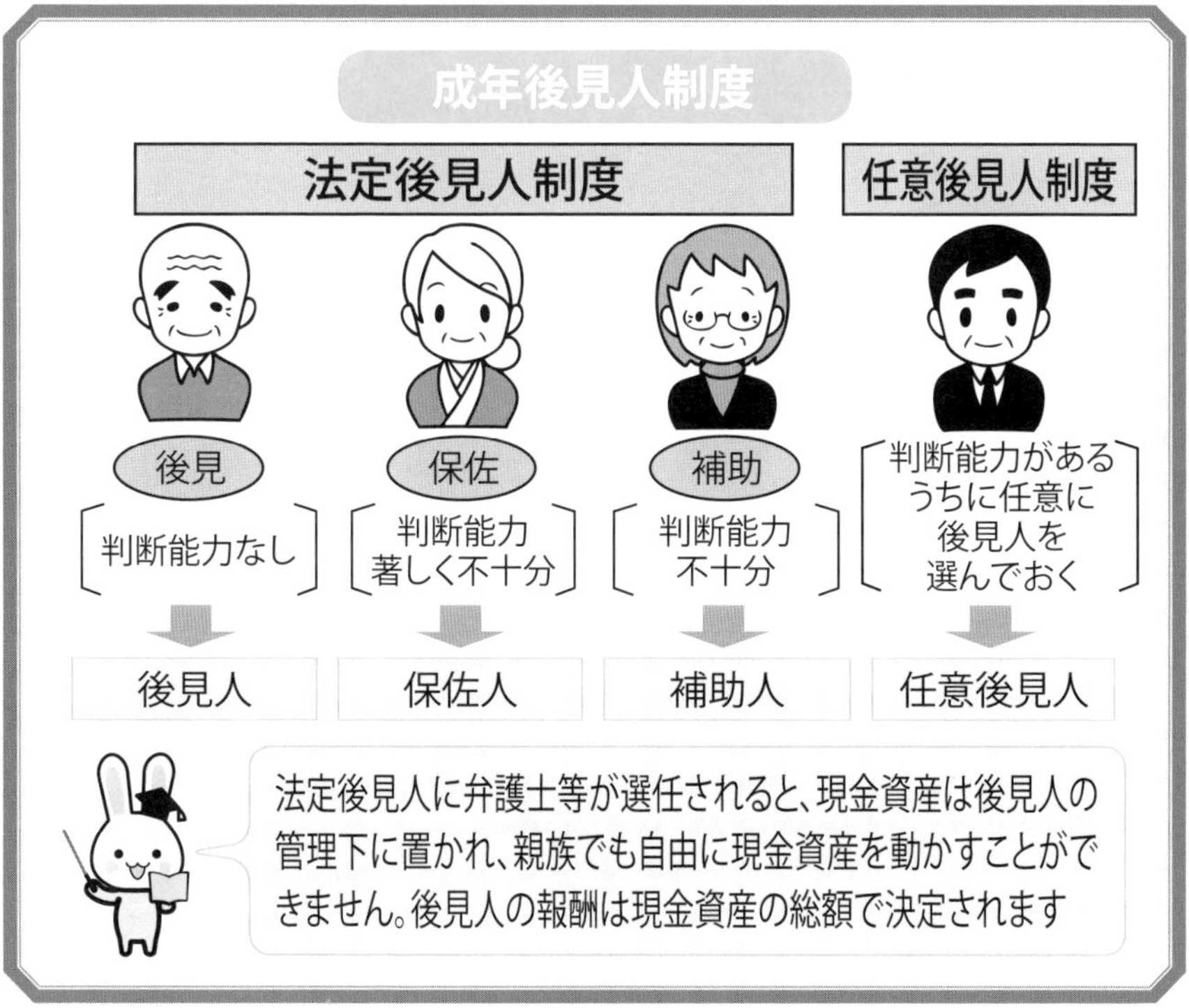
成年後見人制度
法定後見人制度
任意後見人制度
後見
判断能力なし
保佐
判断能力 著しく不十分
補助
判断能力 不十分
判断能力がある うちに任意に 後見人を 選んでおく
後見人
保佐人
補助人
任意後見人
法定後見人に弁護士等が選任されると、現金資産は後見人の管理下に置かれ、親族でも自由に現金資産を動かすことができません。後見人の報酬は現金資産の総額で決定されます

人々に影響を与えた経済学者⑥

ミルトン・フリードマン

(1912年〜2006年)

貨幣供給量の変動は、長期的に見ると物価だけにしか影響しないと提唱

市場メカニズムを重視することがスタグフレーション解消への近道

ミルトン・フリードマンは米国の経済学者です。シカゴ大学で経済学の修士号と博士号を得て連邦政府の職に就けたのはニューディール政策のおかげでした。そして第二次大戦が終わるまでは経済学においてケインジアンの立場でした。

しかし、その後貨幣数量説の復活を説き、ケインズの総需要管理政策を批判する立場に転向します。もっぱら貨幣数量の監視に重きを置くマネタリストの代表となり、市場原理主義を標榜《ひょうぼう》したのです。76年にノーベル経済学賞を受賞した際には、数千人の犠牲者を出したチリのピノチェト軍事独裁政権に協力した過去を批判されます。１９４０年代から70年代頃まで、多くの先進国ではケインズ学派の「大きな政府」が主流でした。しかし、70

景気後退（スタグネーション）

物価上昇（インフレーション）

↓

スタグフレーション（景気後退＆物価上昇）

賃金がそれほど上がらず物価だけが上昇し続けると、さらに市場は冷え込み、景気は悪化することになってしまいます！

年代に入り、二度起きた石油ショックで石油価格が高騰し、多くの先進国がスタグフレーション（不況下のインフレ）に陥ります。

フリードマンは、スタグフレーション解消には、政府による市場介入より、市場メカニズム重視の古典派経済学の考え方を提唱します。スタグフレーションは「不況」と「インフレ」が同時に起こる現象ゆえに、インフレ要素に着目し貨幣供給量の重要性を説いたのです。そして、ケインズ政策こそがスタグフレーションを招いたとも批判しました。

フリードマンの「市場原理主義」は自由放任主義です。

政府の市場介入や規制を最小限にする「小さな政府」を目指すため、福利厚生や教育などは自己責任です。それでも米国のレーガン政権（在任81～89年）やイギリスのサッチャー政権（在任79～90年）は政策に採用し、格差や貧困を広げた元凶として、この「新自由主義」は批判を浴びます。

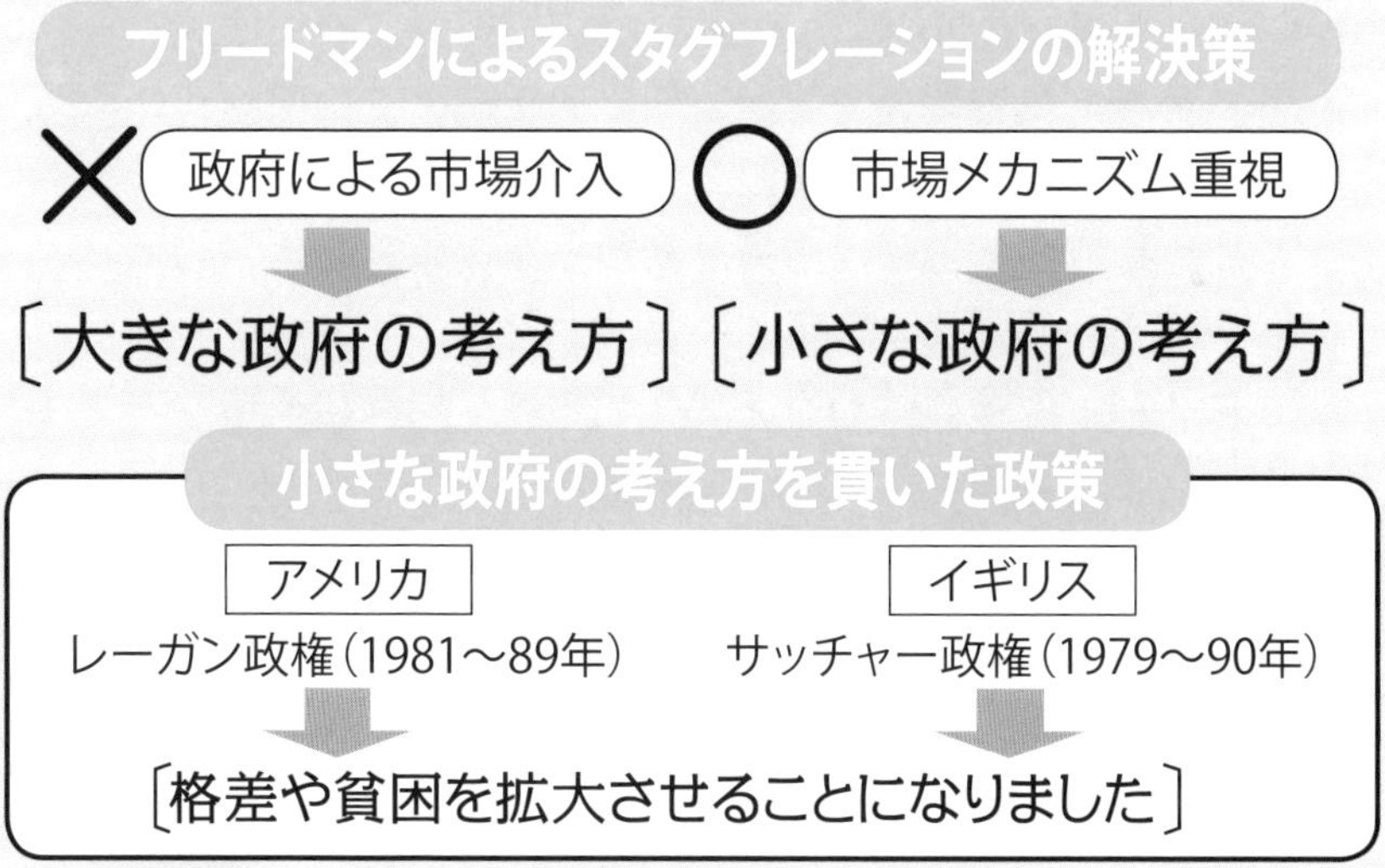

スタグフレーションは「不況」と「インフレ」が同時に起きるため、フリードマンはインフレの要素に着目した理論を展開しました

※「大きな政府」「小さな政府」については66～67ページ参照

Column

⑥

人生には無駄な出費が多すぎるという話

人生には無駄な出費が多すぎます。それはモノの原価を冷静に考えず、見栄や一過性の向上心に因《よ》るからです。人生の5大無駄遣いと言われるのが「マイホーム」「マイカー」「教育費」「保険」「美容関連」です。

マイホームは長期のローンに縛られ、完済時はボロボロです。マイカーは車体費用より維持費がベラボーです。教育費は本人に見合っていないことが多く、保険は加入費用の多くが広告や人件費に費やされ、いざという時の補償が少なすぎ、都道府県民共済のほうが「コスパ最高」という事実を知らない人が騙されて加入しています。

最後の美容関連ですが、原価数十円の安い原材料の化粧品を、バカ高い値段で買うこと自体が狂っています。百均の化粧品と中身が変わらない事実を化学的にも知るべきです。他に「高級ブランド品」信仰がありますが、本物と区別のつかない精緻《せいち》な偽物が本物の半額以下で製造販売されている事実を知ることや、アウトレットモールで5割引きや7割引きで売っても、メーカーに十分な儲けが出ていることを考えれば、とてつもない無駄遣いなのです。

第6章

＜課題＞
日本が直面している問題のカラクリ

① 働き方改革のカラクリと抱える問題点

「働き方改革」とは、２０１９年4月に施行された「働き方改革関連法」に基づき、左頁の表にある8つの労働法制を改訂することで生まれた概念です。一つの法律でなく、多岐にわたる法律改訂に基づいて規制されるものとなっています。

もともとは、「オランダ革命」と呼ばれる失業対策での「政労使」合意の「時短による雇用確保」の考え方をヒントとして、２００７年第一次安倍内閣が提唱した「労働ビッグバン」で労働法制を変えようとして頓挫したのが発端です。その後、再び政権に就いた安倍内閣は「残業代割増賃金削減」「フレックスタイム制見直し」「裁量労働制見直し」などを骨子とした労基法改定案を提出しますが、「サービス残業を助長し、過労死を蔓延させる」などの批判を浴び、これも廃案に追い込まれます。つまり経団連が描いた筋書きの、経営側に有利で都合のよい労働法制を盛り込むことはできなかったのです。そこで労働者にとってもメリットに見えそうな「時間外労働の上限規制導入」「長時間労働抑制策」「年次有給休暇の一部取得の義務化」「短時間労働者の雇用管理の改善策」「産業保健機能の充実」「同一労働同一賃金の推進」「派遣労働者の保護策」…などを盛り込むことで一部野党の賛同を得て法案を成立させました。

この「働き方改革」での大きな制度変更は残業時間の規制です。今までは青天井のため「過労死」を続出させました。そして有給休暇についても一部取得の義務化が図られ、また正規と非正規の待遇差別も禁止されます。しかし経営者側に一番のメリットは、「残業代ゼロ」の高度プロフェッショナル制度を年収１０７５万円以上から導入できたことです。あとは年収を下げるだけだからです。

働き方改革で改正された8つの法律

- 労働基準法
- 労働契約法
- 労働時間等設定改善法
- 労働安全衛生法
- パートタイム労働法
- 労働者派遣法
- 雇用対策法
- じん肺法

2007年の第一次安倍政権時、労働法の整備で頓挫したのが発端

安倍政権は経営者側に都合のよい労働法を提案するも反対にあい、労働者にメリットが見えそうな部分を盛り込みます

働き方改革の大きな変更点

残業時間に関する規制

- 有給休暇一部取得の義務化
- 正規と非正規の待遇差別の禁止

高度プロフェッショナル制度とは、一定以上の年収の高度な専門知識を持つ人に対しては労働時間規制を除外とする制度です

経済とお金の豆知識

厚労省の「過労死ライン」は「1日4時間の残業×20日間＝80時間」という基準から1カ月当たり80時間を超える時間外労働のことを指します。低賃金で残業代が頼りの人には複雑な心境の基準です。

2 労働時間の減少と2024年問題とは？

「働き方改革」での残業時間規制は、正規の賃金が低く、残業代で生計を補填してきた労働者にとってはデメリットともなりかねないものでした。

また、ただでさえ人手不足感が出ているタクシー、バスなどの業界ドライバー、ＥＣサービスの増加で繁忙さを増す運送・物流業界にあっては、残業時間規制は労働者不足の問題を一気に表面化させるものともなりました。こうした課題の下、いよいよ２０２４年４月に導入されることで表面化したのが、この「２０２４年問題」です。運送・物流業界の労働時間減少の影響が危惧されるのです。

「働き方改革」によって、すでに時間外労働は、原則月45時間、年間３６０時間までとなっており、大企業では２０１９年４月から、中小企業では２０２０年４月から導入されています。

しかし、運送・物流業界にあっては、事業や業務の特殊性に鑑みて別の扱いとなり、年間９６０時間までの残業規制となりました。ちなみに、こうした一般企業の原則と異なる規定は建設業界や医師などの医療業界でも特別扱いとなっています。

運送・物流業界での年間９６０時間までの残業規制は１カ月あたりに直せば月平均80時間です。

これは、厚労省の過労死労災認定基準ギリギリです。過労死が疑われるのは、「６ヵ月にわたって１ヵ月あたりおおむね80時間を超える時間外・休日労働」となっているからです。

この月平均残業80時間の規制は、現行のドライバーなどの労働時間と比較すると、３割〜４割もの時間減少になると言われます。となると運送・物流業界では、どのような混乱が生ずるのか、簡単には見通せない現状なのです。デジタルツールの活用で乗り越えるのも難しい問題だからです。

巷で騒がれている2024年問題とは…

残業時間に規制をかける ← 働き方改革 → 働きたくても残業できない

業界ドライバー
タクシー　バス

ECサービスの増加
運送業　物流業

残業時間の規制によりドライバーの人手不足が予想され、運送業や物流業などの業界に大きな影響が出る可能性があります！

働き方改革による時間外労働時間の変更

運送・物流業界
1カ月では…　80時間以内
1年間では…　960時間以内

《大企業では2019年4月〜・中小企業では2020年4月〜実施》

一般企業
1カ月では…　45時間以内
1年間では…　360時間以内

経済とお金の豆知識

経済学の教科書通りなら人手が足りなければ需要の高まりで賃金が上がるはずです。実際米国のトラック業界では、年収1千万円以上のドライバーが続々誕生しました。日本もそうなるかは未知数です。

3 格差社会を生み出す日本経済の問題点

「格差社会」と言われて久しい日本です。国民の格差の度合いを測る尺度の「ジニ係数」も上昇の一途です。**ジニ係数は0に近いほど収入が平等に分配され、1に近づくほど不平等な格差社会を表わします。**こうした格差を平等に近づけるには、税や社会保障の再分配政策が重要です。

しかし日本では大企業法人税の実効税率が中小企業よりも大幅に低い特別優遇税制措置を設け、消費に罰金を課す逆進性の消費税率を上げ、また日本人の賃金を下落に導く中間搾取解禁での「派遣労働」を推進し非正規雇用の拡大に務めました。

さらに外国人技能実習制度も設け、途上国からの低賃金労働者を奴隷の如く扱うしくみを作るなど国民所得を圧迫する政策だらけです。これは、大企業中心の「経団連」から政治献金を得た自民党政権の「政策をカネで買われた」結果でした。

今さら政府が企業の「賃上げ」に言及するなど笑止千万で、カネまみれ自民党政権による大企業・富裕層への優遇政策は他にもてんこ盛りです。

こうした政策を長く続けたために「親ガチャ」という言葉が流布《るふ》され、親が貧乏なら子供も満足な教育機会に恵まれず、子供も一生貧乏になる「貧困の連鎖」を招きました。現役時の所得が低ければ年金も少ない「貧困老人」も増える一方です。

フランスの経済学者トマ・ピケティは、世界的ベストセラーの著書『21世紀の資本』で、「r＞g」の不等式で資本主義の根本的矛盾を説きました。3世紀に及ぶデータから「r」の資本収益率はつねに「g」の国民所得成長率より大きいと喝破し、格差は放置すれば拡大するとしました。有権者の半数しか投票せず、利権組織・自民党が常に勝利の構図では、格差拡大も国民の自業自得と言えます。

0 ← **ジニ係数** → 1

［0に近づくほど所得格差が小さくなる］

［1に近づくほど所得格差が大きくなる］

国民全員が同じ所得だと0

全所得を1人が独占すると1

日本のジニ係数の推移（当初所得）

1981年	1990年	2002年	2011年
0.35	0.43	0.49	0.55

［当初所得のジニ係数は年々増加し2021年は0.57の高水準］

貧困の連鎖

親が貧乏　→　子供も貧乏　→　貧困老人の増加

ジニ係数には「当初所得」と「再分配所得」があり、当初は実際に稼いだ額で、再分配は税金や社会保障調整後の額です

経済とお金の豆知識

2021年のジニ係数（再分配）は高い順から、南ア0.62、ブラジル0.48、中国0.46、メキシコ0.42、トルコ0.4、米国0,4、英国0.37、韓国0.34、日本0.33、ドイツ0.3、スウェーデン0.29などとなります。

4 団塊ジュニアが貧困老後に陥る社会保障の危機

「2040年問題」というのをご存知でしょうか。1971年から74年の第二次ベビーブームで生まれた「団塊ジュニア」世代が65歳の引退を迎える時期のことを言います。2024年時点で、現在49歳から53歳の方々が該当します。**この世代は、「団塊の世代」という第二次大戦後の第一次ベビーブームで生まれた1947年から49年出生の年間260万人以上（3年間で1千万人強）の数多き人口の「子供たち」を意味しています。**

ゆえに「団塊ジュニア」の異名があり、「団塊の世代」に劣らず、800万人という人口ボリュームがあります。バブル崩壊後の不況期の90年代後半に社会人となり、求人倍率が1を割る「就職氷河期」をもろに経験した世代でもあるわけです。

つまり、社会人人生のほぼすべてがバブル崩壊後のデフレ経済の「失われた30年」と符合する年代にあたります。この世代のほぼ4人に1人は「非正規雇用」でもあり、全体的に賃金水準が低いため、年金支給額も低額と推定されています。

しかし、この巨大な人口の塊が2040年に一斉に引退してしまうと、いきなり社会保障費が危機的状況を迎えるとも言われているのです。

つまり2023年時点の生産年齢人口約7300万人が、2040年には、一気に6000万人に縮小してしまい、現在の65歳以上高齢者3623万人が3921万人に増えるからなのです。

これでは、現在の社会保障は維持できなくなります。**年金を減額するなり支給年齢を70歳や75歳に引き上げないと社会保障が成り立たなくなるのは必然です。これが「2040年問題」なのです。**

恐ろしいことに、この年代のほとんどが「貧困老後」と背中合わせの世代とも言えるわけです。

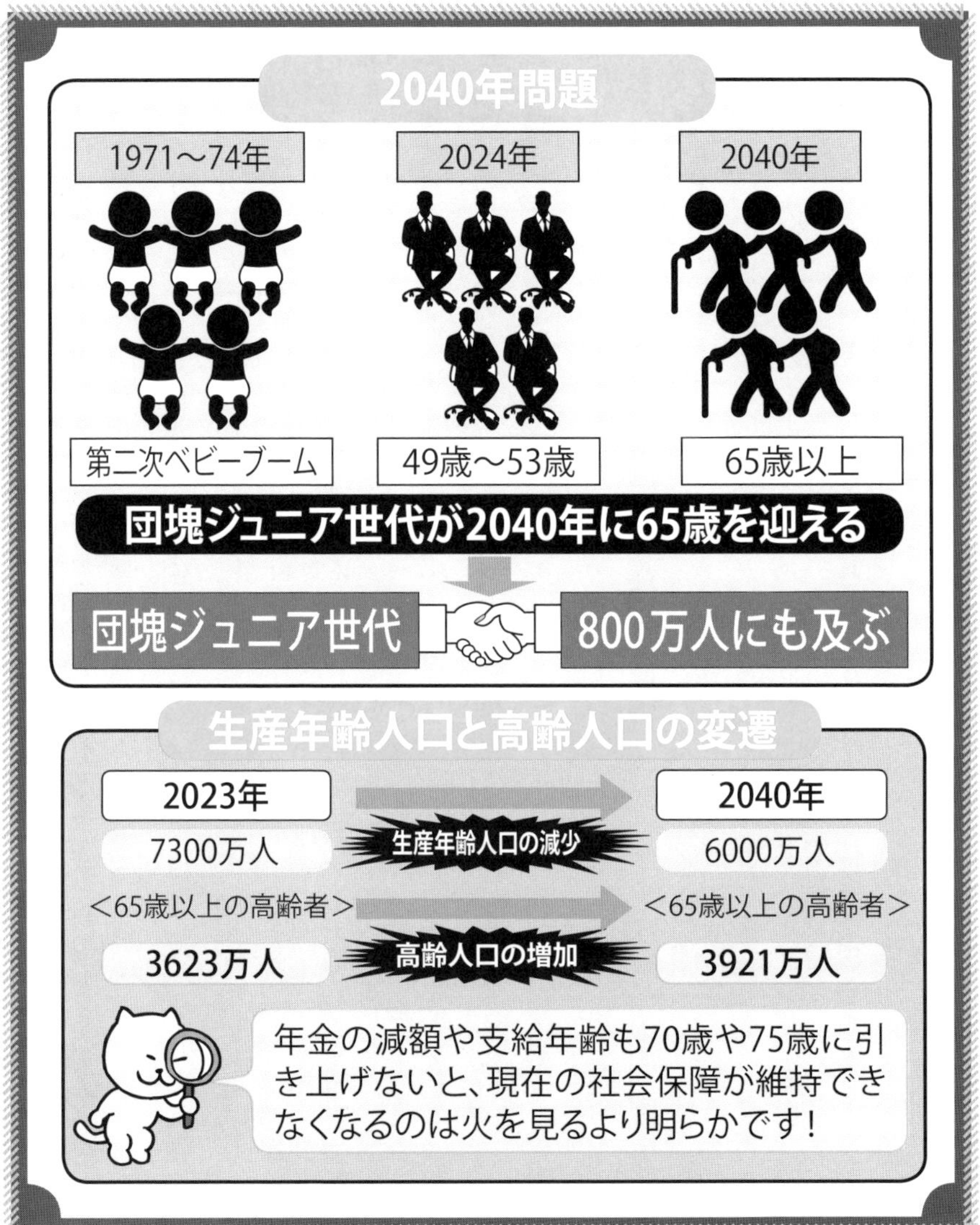

経済とお金の豆知識

バブル崩壊以降、30年にわたって現役世代の「賃下げ政策」を行ってきた結果、低所得者が世の中に溢れるようになりました。年金受給額も少なくなるため、老後は生活保護に頼る人たちが激増します。

5 老人介護施設に入れない日本の現状

最新のデータによれば、**日本人の「平均寿命」は、男性81歳、女性87歳で、「健康寿命」は男性72歳、女性74歳です。**高齢になれば、いつかは介護が必要になる時がきます。介護が必要になっても、現在月額費用が10万円ほどの安い公的介護保険施設の「特別養護老人ホーム」は、全国に約９７００施設あっても入居は数年待ちです。となれば民間の「サ高住（サービス付高齢者向け住宅）」や「介護付有料老人ホーム」しかないものの、費用は1人あたり20万円前後します。無職の65歳以上高齢者夫婦の平均年金受給額は、約20万円です。

この20万円の内訳は、夫の基礎年金約5・6万円と厚生年金約9万円の合計額で約14・6万円、これに専業主婦だった妻の基礎年金約5万円が加わったものになっています。これでは、1人月に20万円前後の費用がかかる介護付老人ホームに入所は難しく、「在宅介護」が行われて自宅での家族の負担が強いられるケースが多くなります。

また東京都では、単身高齢者は最高で月額13万５８０円が生活保護の最低生活費（住居費と生活費）とされ、いよいよ介護が必要となれば、年金の不足分をこの制度の助けを借り、この範囲内の施設に入所するよりありません。すると介護を他人に委ねる形式では、貧困ビジネスの「無届け介護施設」に入るしか方法がないケースも出てきます。

1人10万円以内も可能ですが、防火設備もなく大部屋のベッドに布団を敷いて寝かされる不潔で劣悪な環境も少なくないのです（無届け介護施設数は全国に５８０施設）。スタッフも少なくロクな介護は期待できません。これらはカネ儲けの民間施設だからです。健康に気をつけ、ピンピンコロリを心がけないといけないでしょう。

平均寿命
男性・81歳
女性・87歳
健康寿命
男性・72歳
女性・74歳
介護が必要になる時がきても、公的介護保険施設の「特別養護老人ホーム」への入居は難しいのが現実です
65歳以上高齢者夫婦の年金平均受給額は約20万円
わしらは介護施設に入れないぞ
どうなるのかしら私たち…
健康でなくなったら大変！
無届け介護施設
不潔！
劣悪環境！
• 入居一時金　0円
• 月額費用　10万円
賃料　5万円（大部屋）
管理費　3万円
食事　2万円
※貧困ビジネスの温床
※日本全国に点在する
※すべての無届け介護施設が劣悪というわけではありません

経済とお金の豆知識

2009年3月群馬県渋川市にあった無届け有料老人ホーム「静養たまゆら」では、夜間に火災が発生し、監禁同様で収容されていた老人10人が死亡しました。犠牲者の多くが東京都の生活保護受給者でした。

6 出生数減少と少子化対策の現状とは？

自民党・岸田政権は米国政府の命令による大軍拡計画（防衛費を年間5兆円規模から10兆円規模）への罪滅ぼしのつもりか、「新しい資本主義」だの、「（資産）所得倍増計画」だの、「異次元の少子化対策」など確たるビジョンもない大風呂敷だけ広げる有様で、まさしく真空政権と言えます。

そもそも**自民党政権は、内閣に「少子化担当大臣」なる特命相を2007年からアリバイ的に設けてきたものの、当時の出生数109万人（合計特殊出生率1・34）が、22年は77万人（同1・26）にまで減少しています。**

合計特殊出生率（女性が生涯に産む子供の数）が丙午《ひのえうま》生まれ（66年）の1・58を下回った1989年の「1・57ショック」の際にも、日本の人口減少・少子高齢化問題は大きく騒がれましたが、特別対策もとられず放置されてきました。

そして23年に岸田首相が「異次元の少子化対策」で打ち出した政策もまた、ことごとく「異次元の的外れ」と指摘され、「出産増」につながらない「子育て支援策」ばかりと揶揄《やゆ》されています。

「児童手当の拡充」「出産時の経済負担軽減」「高等教育費の負担軽減」……など、やらないよりはやったほうがよいものの、子供を産もうという直接動機にはつながらないものばかりだからです。

少子化の原因は、経済的要因、未婚率の上昇、待機児童の問題、子育て環境の悪さ……など、いろいろ挙げられますが、社会全体の閉塞感の広がりも大きく影響しているようです。一部の有識者は、子供1人につき1千万円支給のインセンティブをつければ出生率が上がり、20年以上経てば税金で元が取れると主張する人もいます。そこまでやれば俄然インパクトはありそうです。

新しい資本主義

所得倍増計画

異次元の少子化対策

確たるビジョンもない大風呂敷だけ広げた政策

日本の出生数の変遷

1949年	1989年	2007年	2021年	2022年
269万人	124万人	109万人	81万人	77万人

このまま出生数の減少が続くと年金や医療制度など、社会保障制度に大きな影響を与えることになります！

少子化の原因

- 経済的要因
- 未婚率の上昇
- 待機児童問題
- 子育て環境の悪さ

子供を１人産んだら、１千万円支給の場合、100万人で10兆円になります。200万人で20兆円です。子供を10人産めば1億円が入り、「子沢山＝金持ち」という図式ができ上がります！

経済とお金の豆知識

韓国では日本以上のスピードで少子化がすすんでいます。合計特殊出生率は2016年が1・17、17年が1・05、18年が0・98、19年が0・92、20年が0・84、21年が0・81、22年が0・78でした。

7 野放しにされている「ふるさと納税」の問題点

「ふるさと納税制度」とは、自分が選んだ自治体に寄付すれば、寄付額のうち2千円を超える分が翌年の所得税の還付や住民税の控除が受けられるしくみです。寄付をした自治体からは返礼品が贈られます。つまり、元手2千円だけで（自己負担金）、ステーキ肉や豪華海産物がもらえるという「濡れ手で粟《あわ》」のシステムです。なお、寄付できる金額は所得水準や家族構成で限度額が決められています。

要するに所得の多い金持ちほど、限度額も大きく実質減税される金額も大きくなる――という不平等・不公平なしくみです。不純な動機の「さもしい寄付」による「醜い税金奪い合い」がこの制度の根幹なのです。寄付の実態は、「自治体からの返礼品が目的」という歪んだ動機です。対価が目的ゆえに、単なる税金バラ撒きの「官製通販」制度になっています。ゆえに各自治体間では寄付金争奪の「高額の返礼品競争」が起こり、総務省は２０１９年6月に「返礼品は寄付額の3割までの地場産品に限る」と通達を出して大揉《も》めしました。

ちなみに総務省発表の「ふるさと納税制度」の２０２２年度寄付総額は、９６５４億円（利用者数８９１万人）と過去最高を記録、まもなく１兆円を超えます。**しかし寄付受け入れ自治体の4分の1が赤字という本末転倒のバカな事態に陥っています。**大都市部の自治体は、住民の寄付で税収が減少し、寄付受け入れ自治体さえもコストで赤字になるのです。自治体に寄生する「返礼品」の地元業者の他に「広告サイト」業者は寄付額の10%を広告費としてテレビCMを派手に打ちます。

これら周辺業者のコストを合計すると寄付額の70~80%が自治体外部に消え去り、赤字にならずに自治体に20%も残れば「御の字」と言えるのです。

ふるさと納税は「富裕層優遇」＋「税金の浪費」

控除外	控除額		
適用下限額 2,000円	所得税の控除額 （ふるさと納税額−2,000円） ×所得税率	住民税の控除額 （基本分） （ふるさと納税額−2,000円） ×住民税率（10%）	住民税控除額 （特例分） 所得割額の2割を限度

寄付金控除の申告

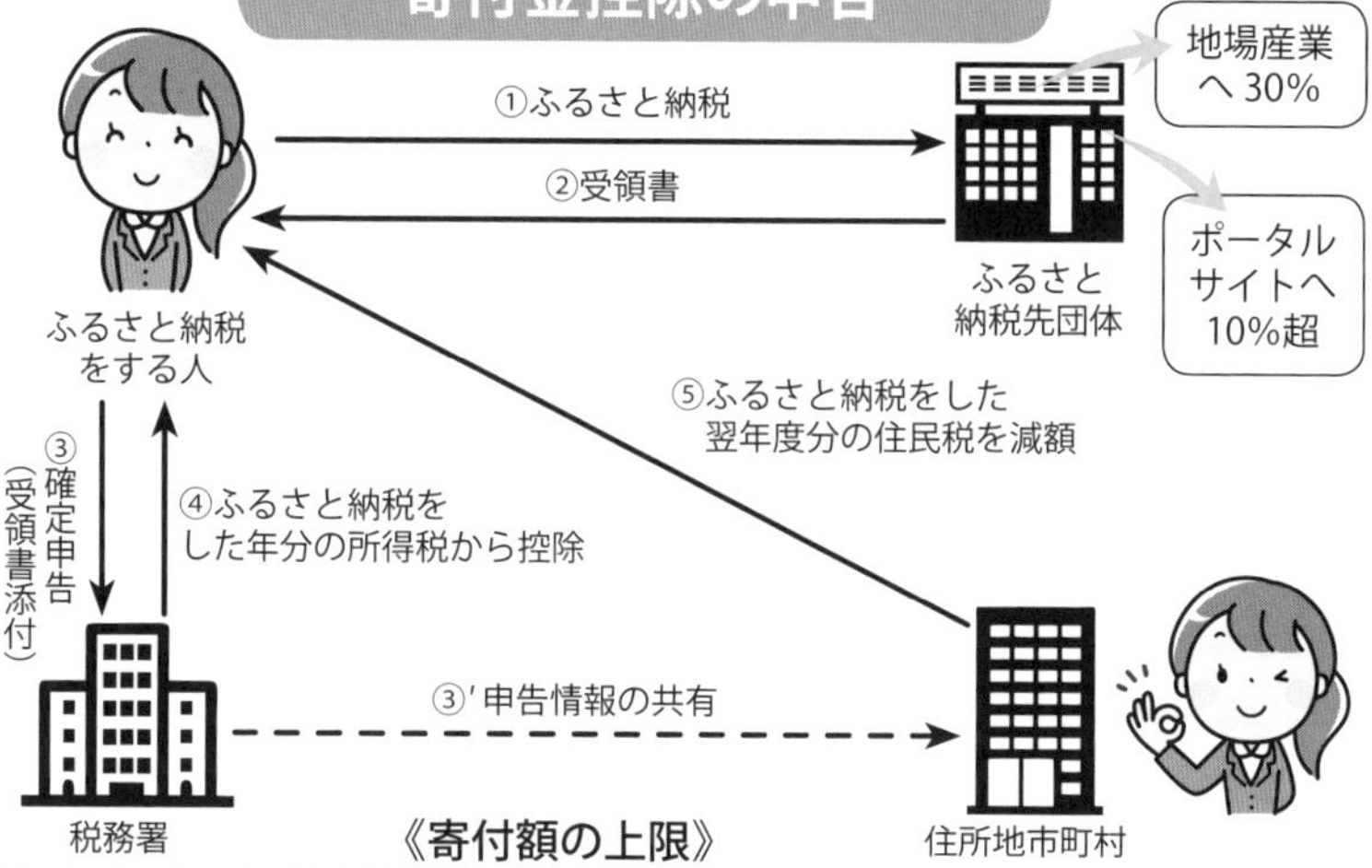

《寄付額の上限》

ふるさと納税を行う本人の給与収入	ふるさと納税をする人の家族構成						
	独身または共働き	夫婦	共働き＋子1人（高校生）	共働き＋子1人（大学生）	夫婦＋子1人（高校生）	共働き＋子2人（大学生と高校生）	夫婦＋子2人（大学生と高校生）
300万円	28,000	19,000	19,000	15,000	11,000	7,000	
1000万円	176,000	166,000	166,000	163,000	157,000	153,000	144,000

『眠れないほど面白い 経済とお金の話』より引用

経済とお金の豆知識

東京23区では居住者の「ふるさと納税」で2021年度で区民税全体の5%に相当する531億円もの税収が地方に流出。他の自治体は減収でも地方交付税で75%補填されるも、東京都の場合は丸損です。

8 SDGsの17の目標と169のターゲットとは？

近頃よく聞く言葉に「SDGs《エスディージーズ》」があります。

2015年の国連総会で採択された「持続可能な開発のための2030アジェンダ」のことで、2030年までに達成すべき17の目標と169の達成基準が盛り込まれた行動計画なのです。

世界では、温暖化による気候変動で災害や食糧危機、貧困格差の問題、人種やジェンダー差別の問題が焦眉《しょうび》の急の課題ですが、いずれもなかなか解決の道筋が明確になっていません。

そのため、世界の国々で協力し合い、環境・社会・経済の3つの要素が調和できる状態を実現しようと、まずは17の目標を立て、具体的な施策を掲げているのです。

17の目標には「気候変動への具体的対策」「飢餓をゼロにする」「貧困をなくす」などの項目があり、それぞれの目標に対して10程度の達成基準があります。その数が169になるので、169がターゲットとも呼ばれるのです。

SDGsの主たる眼目は、各国が17の目標と169の達成基準に対して、どれだけ明確にクリアしているかどうか、その進捗状況を報告し合うことにあります。このSDGsが注目されるようになったのは2017年の世界経済フォーラムの年次総会でした。これは世界の政治や経済のリーダーたちがスイスのダボスに集まり、議論し合うことで有名な「ダボス会議」のことです。ここでSDGsを行わなかった場合のデメリットが明らかにされ、「企業が国連のSDGsを達成することで、2030年までに少なくとも12兆ドルの経済価値がもたらされ、最大3億8千万人の雇用が創出される可能性がある」という発表がなされ、世界的な関心を呼び起こすことになったのです。

SDGs・17の目標

❶貧困をなくそう　❷飢餓をゼロに　❸すべての人に健康と福祉を
❹質の高い教育をみんなに　❺ジェンダー平等を実現しよう
❻安全な水とトイレを世界中に　❼エネルギーをみんなに そしてクリーンに
❽働きがいも経済成長も　❾産業と技術革新の基盤をつくろう
❿人や国の不平等をなくそう　⓫住み続けられるまちづくりを
⓬つくる責任つかう責任　⓭気候変動に具体的な対策を
⓮海の豊かさを守ろう　⓯陸の豊かさも守ろう
⓰平和と公正をすべての人に　⓱パートナーシップで目標を達成しよう

169のターゲットとも呼ばれています

どれだけクリアしているか各国が進捗状況を報告

SDGsにより2030年までには12兆ドルの経済価値がもたらせ、3億8000万人の雇用が創出される可能性があります

経済とお金の豆知識

SDG sは17の課題で構成されているものの、それぞれのテーマが壮大すぎて実現性に疑問符がつけられています。また、それぞれの目標数値がどこから導き出されたのかも不明確といった批判があります。

9 注目を集めるESGと企業が目指す行動

前項でふれた「SDGs」と併行して、世界的な注目を集めるようになったのが「ESG」という投資のガイドラインです。**「ESG」の基準に則った企業への投資を行うことで、「SDGs」の達成にも相乗効果が及ぶとされるからです。**SDGsが「Sustainable Development Goals」の略で、「持続可能な開発目標」と訳されるのに対して、「ESG」は「環境（Environment）・社会（Social）・企業統治（Governance）」の3つの単語の頭文字の略で「社会的責任投資（PRI基準）」と訳されます。

「ESG」投資の概念が広く知られるようになったのは、2006年に国連が「これからの企業評価は、従来の短期的視点から長期的視点に換え、企業がESGを意識して活動しているかどうか」を企業の判断基準にすべきと投資家へ提唱したからでした。従来の投資家の考え方は、企業の「売上」や「株価」などが重視され、業績や財務などの情報による数値での投資判断が中心です。

しかし、これからは、CO_2の排出量などの脱炭素化や女性活躍などのダイバーシティ（多様性）と言った、企業のESGへの取り組みを投資判断の中核に置くべきと提唱したのでした。

日本でも、2015年にはPRIに署名し、さらに「SDGs」が、国連で決議されたことが契機となって、株式市場などでも、「ESG投資」への気運が高まってきています。

ESGの基本概念は、SDGsの目指すところと軌《き》を一《いっ》にしていますが、**SDGsが、国連加盟国の行動目標であるのに対し、ESGは、企業の行動目標であるところが、その大きな違いとなっているのです。**

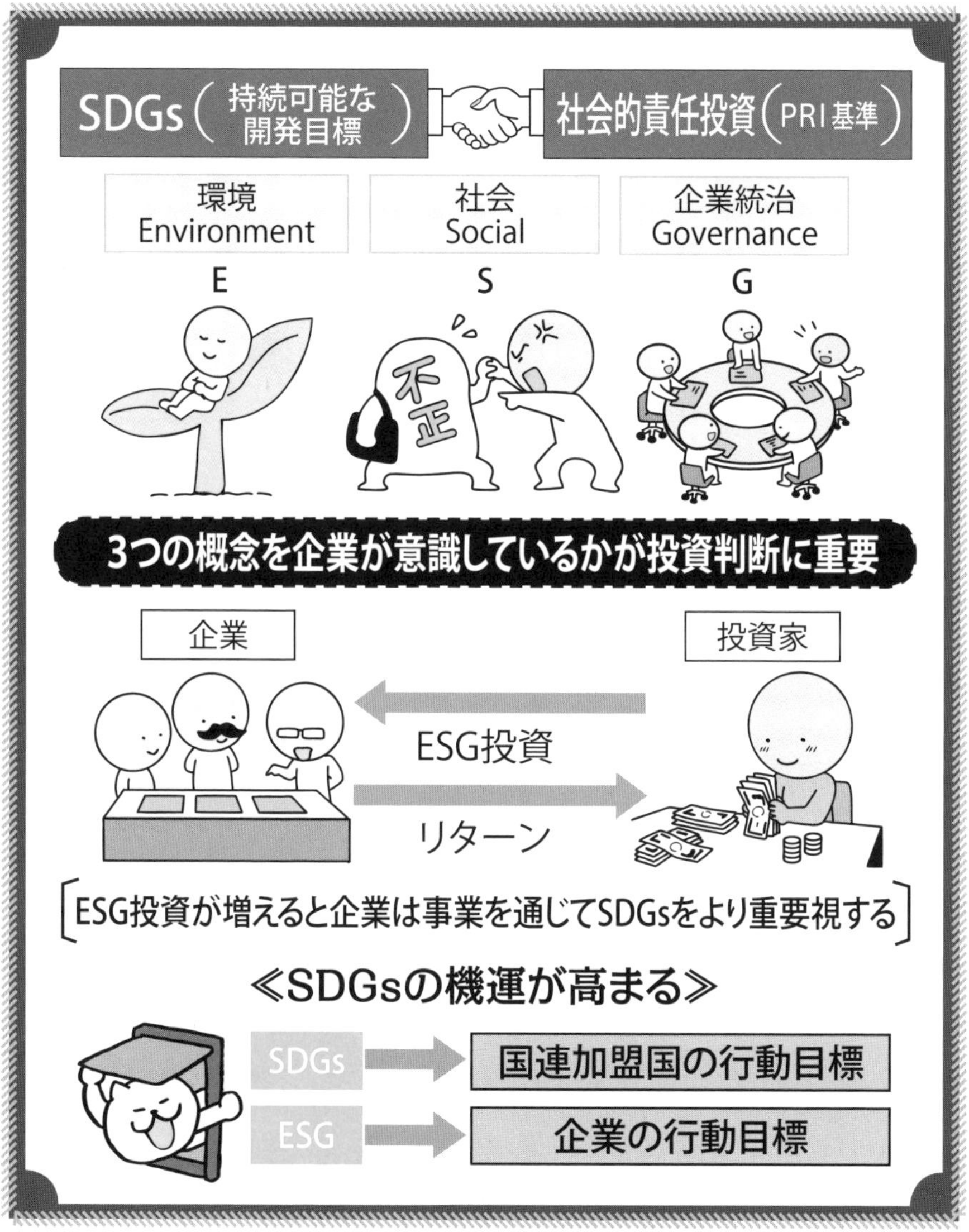

経済とお金の豆知識

ESG投資も、SDGsの持続可能性の目標に適った投資が求められます。短期の目標で落とし込むことが困難なため、必然的に長期の目標で取り組むことになりますが、取り組みの具現性は難しいものです。

10 日本は脱炭素化に対応できるのか？

1994年3月発効の国連の「気候変動枠組み条約（締約国・機関198）」では究極の目標として「大気中の温室効果ガス（二酸化炭素、メタンなど）の濃度を安定化させる」ことを掲げ、翌年から毎年COP（締約国会議）を開いています。

97年12月のCOP3では、2020年までの90年比の削減目標が明示された「京都議定書」が採択され、2015年12月のCOP21では、産業革命前からの世界の平均気温上昇を2℃未満に抑制し、加えて平均気温上昇1・5℃未満を目指すとして、先進国や途上国の別なく、すべての国が温室効果ガス削減での気候変動の取り組みに参加する「パリ協定」を締結しています。

そして、2023年12月にアラブ首長国連邦（UAE）のドバイで開催されたCOP28では、2030年までに再生可能エネルギー容量を3倍、エネルギー効率を2倍にする目標の設定、化石燃料からの脱却を加速させる合意で「UAEコンセンサス」が全会一致で採択されています。

このように国連では気候変動抑制に取り組みますが、歴史的に温暖化ガスの排出で発展してきた先進国が近年、累積排出量で発展著しい途上国を下回るようになるなど情勢にも変化があります。

経済発展のためには排出権利があると主張するBRICS（ブラジル・ロシア・インド・中国・南アフリカ）のような新興国や、温暖化による海面上昇で国家消滅の危機に瀕する太平洋の島しょ国など意見の対立もあって、目標は同じでも各国の現実策では隔たりがあります。**日本は2050年に「実質ゼロ」とする宣言は打ち立てるも道筋は見えず、国際環境NGO「CAN」からは、化石燃料に頼る国の「化石賞」を贈られています。**

COP（Conference of the Parties）
国連気候変動枠組み条約締約国会議

国連の気候変動枠組み条約が採択＝1994年に発効

↓

大気中の温室効果ガスの濃度の安定を目標とした会議

≪1995年から毎年開催≫

主なCOP（締約国会儀）

1997年・COP3	2015年・COP21	2023年・COP28
2020年までの90年比の削減目標を掲げることを採択（京都議定書）	すべての国が温室効果ガス削減の取り組みに参加（パリ協定）	化石燃料からの脱却を加速させるなどの合意（UAEコンセンサス）

BRICS

経済発展のためには排出権利があると主張

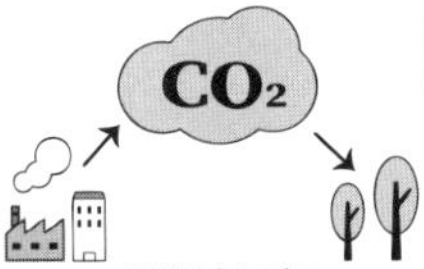

脱炭素

太平洋の島しょ国

温暖化によって国家消滅の危機が迫っている

↓

目標は同じでも各国の現実策には隔たりがあります

経済とお金の豆知識

日本のエネルギー産業は化石燃料に多くを依存します。原発や自然エネルギーをどう位置づけるかの問題に加え、運輸業や鉄鋼業の脱炭素化の道筋も見えず、家庭のCO2排出量問題など課題は山積みです。

もっと知りたい　経済とお金の話⑦

大企業の税負担が軽くなっているカラクリ

２０２３年度の国の税収は69・４兆円。このうち消費税が23・４兆円（33・７％）、所得税が17・５兆円（25・２％）、法人税が14・６兆円（21・０％）で税収の８割を占めます。ところで法人税収は80年代と比べ４割近く減りました。理由は法人税率を下げてきたからです。法人税率は、１９８０年代には43・３％でしたが、現在は23・２％です。

法人にかかる税金は、他にも法人住民税、法人事業税などがあり、これらの総額の所得に対する割合が「実効税率」です。

引き下げたのは法人税だけでなく所得税率もでした。

税率を下げ大企業や富裕層に手厚い優遇をしたわけで、穴埋めに使われたのが消費税でした。

法人税等の税負担である実効税率は30・62％ですが、実は大企業ほどこの実効税率よりも税負担は軽いのです。東洋経済オンラインが２０１９年11月発表の「税負担の少ない大企業ランキング２００」のデータで、売上高１０００億円以上の本決算（２０１８年10月期～２０１９年９月期）から算出した法人・実効税率は次の通りなのです。

多くの人たちが苦しんでいる中、大企業の内部留保は税負担の恩恵を受け、なんと511兆円にもなっています！

- ●法人・実効税率10%未満の大企業……14社
- ●法人・実効税率20～25%の大企業……92社

ランキング最後の200位の大企業でさえ26・2%の税負担率にすぎないのでした。実効税率30・62%よりもはるかに低いのです。

このランキングには名だたる大企業が並びますが、大企業ほど税金を少ししか払わないのです。

ゆえに2022年度末の資本金10億円以上の大企業の内部留保は555兆円でした。大企業ほど税負担が軽くなるのは、各種の減税優遇措置が大企業だけにあるからです。さまざまな控除の活用で、大企業だけで年間5兆円近い税金カットの恩恵を受けていると試算されます。大企業が優遇されるのは、「経団連」に連なる大企業が政権与党・自民党に毎年50数億円の「政治献金」を配るからです。「政策をカネで買う」「エビでタイを釣る」という構造だからなのです。

大企業が享受する各種の減税優遇措置！

- **連結納税制度による所得金額の軽減措置**
  100%出資子会社は黒字と赤字の相殺可能
- **受取配当金の所得不算入**
  他社から株式配当を決算に反映しても所得から除外が可能
- **外国子会社配当金不算入**
  外国子会社の配当の95%までは所得不算入が可能
- **所得税額控除**
  配当収入に所得税が課せられていれば法人税からの控除が可能
- **研究開発費の税額控除**
  研究開発経費総額の25%まで法人税からの控除が可能

各種の減税優遇措置のおかげで、2022年度末の資本金10億円以上の大企業の内部留保はなんと555兆円にまで膨れ上がっています！

人々に影響を与えた経済学者⑦

トマ・ピケティ

(1971年～)

富裕層への累進資本課税を課すことが格差社会是正への近道であると提唱

資本主義は何もせずに放置すると貧富の格差は時間とともに拡大する

トマ・ピケティは、フランスの経済学者です。左派の労働運動に関心の高い両親のもとに生まれ、難関のパリ高等師範学校に進学し、22歳でロンドン・スクール・オブ・エコノミクス（LSE）で「富の再分配」をテーマとした論文で博士号を得るとともにフランス経済学会から「年間最優秀論文賞」を受けています。

ピケティが世界的に名を轟かせたのは、２０１４年に米国で翻訳発刊された『21世紀の資本』によって米国でピケティブームが起き、世界中の注目を集めたことからでした。

３世紀に及ぶ各国の歴史的資料を15年かけて分析研究した成果がこの著書でした。

かつて経済学の定説として「資本主義の発展によって、富はすべての人々に行き渡る」

ピケティが提唱する格差拡大の要因

経済の低成長 → 所得が増えない

人口減少 → 所得が増えない

→ 中低所得者層の所得アップや少子化対策は格差社会問題解消への重要課題

というトリクルダウンの考えがありました。

これこそ「市場原理主義者」の思考ですが、ピケティは、米国経済学会会長だったクズネッツのこうした曲線を否定し、貧富の格差が縮小するのは戦争や恐慌、一時的な累進税の影響であり、資本主義は何もせずに放っておくと、貧富の格差は拡大するだけと喝破したのでした。

ピケティは、長期的データから「r＝g」とはならず「r＞g」になるからこそ、格差や不平等が広がる「不等式」を示しました。「r」は資本収益率（実物資産や金融資産の成長率）を表わし、「g」は国民所得の成長率（労働所得と資本所得の成長率）を表わします。

資本家の富の利回りが年間5％増えても、労働者の所得が1～2％しか増えなければ貧富の格差は広がり続けます。ピケティは、資本逃避を避けるためにも、世界規模での累進資本課税で所得の再分配を図らないと、資本主義は危機を迎えると警鐘を鳴らしています。

ピケティ提示の不等式

r ＞ g

<資本収益率>　<国民所得の成長率>

資産によって得られる富は労働によって得られる富よりも成長が早いことを表わしています

世襲

世襲によって富が受け継がれるのは不公平。貧しい家の子は教育のチャンスも得られず貧困が連鎖する！

低成長

GDPの成長率が低くなるほど貧富の格差が広がります。金持ちは働かずとも投資収益が得られるが、労働者は働いても所得は少ししか増えない！

ピケティは金持ちへの累進資本課税によって格差の是正を図るべきと説いた

Column ⑦

騙される人が多すぎるという話

2023年には「頂《いただ》き女子りりちゃん」の事件が注目されました。「パパ活」絡みで中年男性に恋愛感情を持たせ、1億5000万円以上のカネを貢がせ逮捕された25歳の女の話です。カネを持っている男の見つけ方や共感を得て恋愛感情を持たせる手口など、マニュアルにして販売された内容を確認すると、心理学者もビックリの意外に粗雑なテクニックでした。人は人生経験があっても簡単に騙されるほどチョロイ存在だと窺えます。近年の主だった大型の被害額の「投資詐欺」事件だけでも毎年千人～万人単位で騙されています。

★07年「平成電電」1万9千人（被害額490億円）。

★08年「ワールドオーシャンF」3万5千人（同849億円）。

★09年「L&G」3万1千人（同540億円）。

★11年「安愚楽牧場」7万3千人（同4200億円）。

★17年「ジャパンライフ」1万人（同2100億円）。

★21年「西山ファーム」1500人（同133億円）。

こうした投資詐欺は、老後資金を増やそうとして引っかかっています。「頂き女子」は同情心に付け込み、また、電話による特殊詐欺は不安心理を煽ります。

参考文献

『眠れなくなるほど面白い 図解 経済とお金の話』（神樹兵輔著／日本文芸社）
『眠れなくなるほど面白い 図解 経済の話』（神樹兵輔著／日本文芸社）
『図解 経済の常識』（神樹兵輔著／日本文芸社）
『知っておきたいお金の常識』（神樹兵輔著／日本文芸社）
『面白いほどよくわかる 最新経済のしくみ（神樹兵輔著／日本文芸社）
『経済のカラクリ——知らないと損をする53の真実』（神樹兵輔著／祥伝社）
『知らないとソンする！ 価格と儲けのカラクリ』（神樹兵輔著／高橋書店）
『衝撃の真実』（神岡真司著／ワニブックス）
『未解明の不思議』（神岡真司著／ワニブックス）
『自分に合った資産運用 投資術』（神樹兵輔著／西東社）
『世界一役に立つ 図解 経済の本』（神樹兵輔著／三笠書房）

【著者プロフィール】

神樹兵輔（かみき・へいすけ）

投資コンサルタント＆マネーアナリスト。経済評論家。

富裕層向けに「海外投資・懇話会」を主宰、金融・為替・不動産投資情報を提供している。著書に『眠れなくなるほど面白い 図解 経済とお金の話』『眠れなくなるほど面白い 図解 経済の話』『面白いほどよくわかる最新経済のしくみ』『面白いほどよくわかる世界経済』『現場で使えるコトラー理論』『知っておきたいお金の常識』『図解 景気のカラクリ＆金融のしくみ』『図解 経済の常識』『金儲けの投資学』（以上、日本文芸社刊）、『悪の経済学』（KKベストセラーズ）、『自分に合った資産運用・投資術』（西東社）、『サラリーマンのための安心不動産投資術』（秀和システム）、『20代で資産をつくる本』（廣済堂出版）、『経済のカラクリ－知らないと損をする53の“真実”』（祥伝社）、『世界一役に立つ 図解 経済の本』（三笠書房）など多数。

メールアドレス kamiki0225@yahoo.co.jp

眠《ねむ》れなくなるほど面白《おもしろ》い
図《ず》解《かい》プレミアム　経済《けいざい》の話《はなし》

2024年5月20日　第1刷発行

著者
神《かみ》樹《き》兵輔《へいすけ》
発行者
吉田芳史

印刷所
図書印刷株式会社
製本所
図書印刷株式会社
発行所
株式会社 日本文芸社

〒100-0003 東京都千代田区一ツ橋1-1-1 パレスサイドビル8F
TEL.03-5224-6460（代表）
＊

112240508-112240508 Ⓝ01 (300074)
ISBN978-4-537-22195-4
編集担当・坂